도덕경 원본 **노자**

도덕경 원본 **노자**

큰글자·楚簡本 老子

일승 양방웅 역주

이서원

일러두기

1. 초간《노자》를 **초간본**, 백서《노자》를 **백서본**, 왕필의《도덕경》등을 **통행본**으로 약칭한다.

2. 이 책의 장 구분은 郭沂 책과 尹振環 책을 참고했다. 죽간번호 21번을 제1장으로 삼았다. 죽간 번호는 형문시 荊門市 박물관의 정리자의 주관적 견해에 따라 붙인 번호다.

3. 부록에 첨부한《초간 노자》원문은 형문시박물관에서 제작한 수초본 手抄本 의 사진이다.

4. 원문 중 [   ]안의 글자는 탈락된 글자이나, 백서본을 참고하여 보완한 글자다.

차 례

죽간번호 대조표

양방웅본	郭沂본	김충열본	최재목본	왕필본	죽간번호
〈초간본 제1편·제2편: 노담老聃 BC450년경 작성〉					
제1편:갑조	제1편	번호/쪽	갑본		갑조
제1장	제1장	15/54	제11장	제25장	21-23
제2장	제2장	16/55	제12장	제5장	23
제3장	제3장	17/57	제13장	제16장	24
제4장	제4장	22/62	제17장	제55장	33-35
제5장	제5장	23/64	제18장	제44장	35-37
제6장	제6장	24/66	제19장	제40장	37
제7장	제7장	25/67	제20장	제9장	37-39
제8장	제2편/제1장	1/38	제1장	제19장	1-2
제9장	제2장	2/39	제2장	제66장	2-5
제10장	제3장	3/40	제3장	제46장	5-6
제11장	제4장	4/41	제4장	제30장	6-8
제12장	제5장	4/42	제5장	제15장	9-10
제13장	제6장	6/43	제6장	제64장	10-13
제14장	제7장	9/46	제7장	제37장	13-15
제15장	제8장	10/47	제8장	제63장	14-15
제16장	제9장	11-12/48	제9장	제2장	15-18
제17장	제10장	13/51	제10장	제32장	18-19
제18장	제11장	14/52	제10장	제32장	19-20
제19장	제12장	18.19/58	제14장	제64장	25-27
제20장	제13장	20/59	제15장	제56장	27-29
제21장	제14장	21/61	제16장	제57장	29-32

제2편:을조	제3편		을본		을조
제22장	제1장	26/68	제1장	제59장	1-3
제23장	제2장	27.28/69.71	제2장	제20장. 제48장	3-4
제24장	제3장	29/72	제3장	제20장	4-5
제25장	제4장	30/74	제4장	제13장	5-8
제26장	제5장	33/79	제6장	제52장	13
제27장	제6장	34/80	제7장	제45장	13-15
제28장	제7장	35/81	제7장	제45장	15
제29장	제8장	36/82	제8장	제54장	15-18
제30장	제9장	31.32/76.77	제5장	제41장	9-12

〈제3편·제4편: 윤희尹喜 BC380년경 작성〉

제3편:병조	제4편		병본		병조
제31장	제1장	37/83	제1장	제17장. 제18장	1-3
제32장	제2장	38.39/85.86	제2장	제35장	4-5
제33장	제3장	40/87	제3장	제31장	6-10
제34장	제4장	-	-	제64장	11-14
제4편:태일생수조	제5편				태일생수조
제35장	제1장	-	-	-	1-8
제36장	제2장	-	-	-	9-14

왜 초간본 楚簡本 인가?

《노자》는 오랜 세월 세계의 석학들이 탐독한 책입니다. 이를 톨스토이는 러시아어로 번역하였고, 실존주의 철학자 하이데거는 독일어로 번역하였답니다. 하이데거는 "누가 탁류를 안정 安靜 시켜서 서서히 맑게 할 수 있을까요? 누가 안정되어 있는 것을 움직여 서서히 생동하게 할 수 있을까요?"라는 초간본 제12장(통행본 제15장)의 두 구절을 한자로 써서 그의 서재 벽에 걸어놓고 보았다고 합니다. 신영복은 생애 중 소중하게 본 책으로《노자》·《논어》·《자본론》3권을 꼽았습니다.

노자에 관한 최초의 기록은 사마천의《사기》〈노자·한비열전〉에 나옵니다. 〈노자·한비열전〉에는 노자라는 이름으로 노담·노래자·태사담 3명이 등장합니다. 그렇다면《노자》는 누가 쓴 책일까요? 그리고 성 聖 ·지 智 ·인 仁 ·의 義 ·예 禮 에 관한 전통적 오행의 윤리이념을, 초간본과《한비자》〈해로·유로〉에서는 찬미하고 있는데 백서본과 통행본에서는 이를 반유가의 글자로 바꿔 노골적으로 유가를 배격한 이유는 뭘까요?

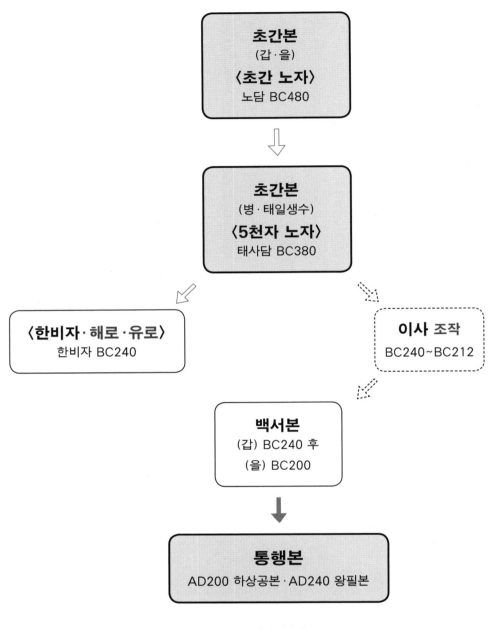

노자 책 전래도

첫 번째 의문은 1973년에 호남성 마왕퇴 한묘에서 백서본이 출토되었고,
이어서 1993년에 호북성 곽점 초묘에서 초간본이 출토되면서 제기되었던

것입니다. 이 의문은 곽기郭沂등 초간본을 연구한 학자에 의해서 풀립니다.

『노담은 공자에게 '예禮'를 가르쳐 주었으며, (노담 또는 그의 제자가) 춘추 말 BC480년경에 초간본을 쓴 사람이다. 태사담은 공자가 죽고 100여년이 지난 BC374년에 진헌공을 찾아가 만났으며, BC380년경 전국 중엽에 초간본을 바탕으로 당시의 여러 학설을 종합하여 증보판 〈5천자 노자〉를 지어 윤희에게 준 사람이다. 그리고 노래자는 그의 저술이 아직 알려지지 않아 불분명한 사람이다』라는 것입니다. 초간본은 그 자체로 완정한 족본(足本완전한 판본)입니다. 그리고 〈5천자 노자〉는 한비자가 《한비자》〈해로〉·〈유로〉편을 쓰기 위해 본 책입니다. 〈부록1. 부록2. 부록5〉

두 번째 의문은 백서본과 통행본에서 전통적 윤리이념을 왜 배격하고 있는가라는 문제입니다. 이 문제가 생겨난 진원지는 백서본甲에 있습니다. 그동안 학자들은 백서본과 통행본에 나오는 〈불상현不尙賢·천지불인天地不仁·성인불인聖人不仁·절성기지絶聖棄智·절인기의絶仁棄義〉와 같은 글을 보고, 어떻게 설명할 수 없으니까 '仁'의 개념을 편애偏愛·편사偏私라고 거꾸로 해석하였습니다. 그리고 노자를 반유가적 인물로 낙인찍었던 것입니다.

'仁'이란 기본적으로 이웃을 내 몸같이 사랑하는 마음, 즉 '애인약애기신愛人若愛其身'입니다《묵자》〈겸애〉. 仁의 개념은 이러한 애인愛人으로부터 시작하여 더 나아가 천지만물이 공생共生하는 애물愛物 그리고 애천愛天으로까지 더욱 확충해나갑니다. 仁의 본성은 청정淸靜입니다. 仁하다고 스스로 나타내지 않고 그저 맑고 고요합니다. 치열하게 흘러가는 강물도 보다 낮은 곳을 지

향하는 겸손함과 생명체들이 함께 살아갈 수 있도록 도와주는 仁의 성품을 지녔습니다. 강물은 바다에 이르러 仁의 본성인 청정을 온전하게 찾습니다. 마치 차별 없이 만물에 비추어 따스한 기운을 베풀어주는 햇빛처럼, 바다도 특정한 사물을 편애하거나 미워하지 않습니다. 참된 仁은 바다나 햇빛을 닮아 과시하거나 나타내려고 하지 않습니다[大仁不仁.《장자》〈제물론〉]. 소인小人들은 편애하고 과시하지 않는 경우가 없지만[未有小人而仁者也,《논어》〈헌문〉], 성인은 결코 편애하지 않습니다. 그래서 역사상 여러 성인이 나와 인간사회를 좀 더 밝은 세상으로 이끌어 주었던 것이며, 천지 또한 묵묵히 만물을 낳아주고 길러주고 갈무리해 주고 있는 것입니다.

통행본 제3장의 불상현不尙賢이나 제19장의 절성기지絶聖棄智·절인기의絶仁棄義에 관해서는 어떻게 설명할 방법이 없습니다. 아무튼 초간본에는 이런 구절이 나오지 않습니다. 노자는 전통윤리를 중시하였을 뿐만이 아니라 오히려 유가사상을 선도하였음이 초간본의 출토로 확인되었습니다. 도가사상과 유가사상은 서로 대립과 갈등관계에 있는 것이 아니라 서로 소통이 잘 이뤄진 관계에 있습니다.

〈8장해설.《대학·초간 오행》38쪽. 138쪽. 266쪽. 尹振環의 2008년도 책 16쪽, 17쪽〉

《한비자》〈해로〉편 해설을 보면, 한비자 또한 전통윤리 개념을 부정하지 않았습니다. 오히려 칭송하고 있지요. 한비자는 외적으로 엄정한 법치를 강조하면서도 내적으로는 전통윤리를 존중한 법가입니다. 군주는 통치를 위해서 '법(法:道·刑)과 덕(德:術)이라는 두 개의 칼자루[二柄]를 잡고, 철저히 공익公

益을 추구하여야 한다'고 했습니다.

〈해로〉편에 나오는 "실도이후실덕(失道以后失德 도를 잃으면 다음에 덕도 잃는다)" 이 백서본에서는 "실도이후덕(失道而后德 도를 잃은 다음에 덕이 나타난다)"으로 나옵니다. "失德"에서 '失'자를 빼고 "德"이라고 한 것이지요. 통행본 제38장에도 백서 본과 같이 "실도이후덕 失道以后德"으로 나옵니다.

김충열은 이를 해설하면서 인용한 〈해로〉편의 글 중에 "失자가 와서는 안 되는데, 한비자는 계속 失자를 쓰고 있다. 분명히 잘못된 것일 게다"라고 지 적하였습니다〈김충열의 책 233쪽〉. '失'자가 들어간 것을 착오로 본 것이지요. 이는 한비자가 〈해로〉와 〈유로〉를 쓰기위해 본 책을 "《백서본(갑)》"이라고 단정한 것에서 생긴 착각으로 봅니다.〈김충열의 책 93쪽. 김용옥의 책 상권 93쪽〉 한비자가 본 책은 〈5천 자 노자〉입니다. 그리고 '失'자가 들어간 것은 착오가 아닙니다.

〈5천자 노자〉에서 친유가적 글 12개장을 뽑아 〈해로〉편을 지은 것이지 요. 실도이후덕 失道而后德과 같은 반유가적 글은,《한비자》가 작성된 BC240 년까지는,《노자》라는 책에 들어있지 않았음이 확실합니다.〈부록1. 부록5〉 그렇 다면 누가 언제 왜 〈5천자 노자〉에 있는 친유가적인 글을 반유가적인 글로 바꾸었을까요?

혐의가 가장 짙은 사람은 진시황 때 승상이었던 이사李斯입니다. 그가『새 시대의 정책을 비판하는 낡은 사상을 지닌 유생들을 완전히 제거하고, 유가 의 책들도 모두 불살라버려야 하며, 오로지 법치와 우민정책으로써 통치하여 군주의 권력을 강화해야한다』고 주창한 글이 《사기》〈진시황본기〉에 나와 있습니다. 그리고 이사는 순자 문하에서 함께 공부한 동문 한비자를 독살하고, 시황의 승인을 받아 분서갱유를 단행했습니다. 이러한 이사의 언행으로 미루어보면 「백서본(갑)은 《한비자》를 작성한 BC240년 이후부터 분서갱유를 단행한 BC212년 전 사이에, 유가 등 지식인을 탄압하고 철권통치를 강화할 목적으로, 이사가 〈5천자 노자〉 중에서 일부 글자를 교묘하게 바꾸기도 하고 끼어 넣은 것」으로 추정합니다. 이렇게 개작한 다음에 〈5천자 노자〉는 분서갱유 때 다른 책들과 함께 태워버렸겠지요. 그러나 그 흔적이 《한비자》에 남아있는 것입니다.

〈제8장 해설〉

다시 말해 「이사가 〈5천자 노자〉를 개작한 것이 곧 백서본(갑)」이라고 봅니다. 백서본을 통행본과 비교해보면, 거의 같은 판본 계통에 속하는 것으로 道와 德에 관한 글의 순서가 바뀌어있을 뿐 새로운 것이 없습니다. 그래서 일부 학자들이 '별 것 아니다'라고 평가절하 했던 것입니다. 백서본은 그동안 노자사상을 왜곡시켜온 주범입니다. 현재로서는 이를 사실로 인정할 수밖에 없습니다.

〈부록5〉

백서본에서는 "道가 상실된 이후에 德이 나타난다"고 했는데, 왜 그런지 그 이유를 누가 설명할 수 있을까요? 학자들은 이를 제대로 설명하지 못하고 어물쩍 넘어갔습니다. 무어라 설명하든 그건 《장자》에 나오는 도척(盜跖도적 수령)이 도가나 유가를 힐난하며 내뱉는 궤변일 뿐입니다. 애당초 성립할 수 없는 논리이기 때문입니다. 그럼에도 강단에서 오래 동안 자신도 모르는

해괴한 논리로 노자강의를 해왔습니다.   〈제4장 해설〉

그래서 김충열은 초간본이 출현하기 전에 통행본을 가지고 강의한 일에 대해서 학자로서 부끄럽다고 선언하였습니다. "많은 학자들이 이 새로운 출토자료〈초간본〉를 보지 못해 자기의 잘못된 학설을 고치지 못하고 죽어갔는데, 나는 살아서 그 잘못을 수정하고 미비했던 학설을 보완할 수 있는 기회를 가졌다는 사실이다. 이 얼마나 다행스러운 일인가? 그래서 한편으로는 부끄럽기도 하지만, 나는 '행복한 학자'라고 스스로 자위해 본다."라고, 그의 책 머리말에 썼습니다. 양심을 지닌 학자로서의 자존심을 보여주었습니다.

국내의 《노자》관련 책 중에는, 초간본의 내용을 백서본이나 통행본과 비교하며 설명하기 위해 부분적으로 인용하고 있는 책들이 있습니다. 그러나 초간본을 전면적으로 해설한 책은 현재 양방웅의 《초간 노자》와 김충열의 《김충열 교수의 노자강의》그리고 최재목의 《노자》3종에 불과합니다.

필자가 2003년에 쓴 《초간 노자》와 2016년도판 《노자 왜 초간본인가》를 보완하여 다시 출간하게 되었습니다.

2018. 2.　일 승

참고한 책

- 1998.5. 형문시박물관, 문물출판사文物出版社,《郭店楚墓竹簡》
- 1999.9. 후재侯才, 대련大連출판사,《郭店楚墓竹簡老子校讀》
- 1999.11~2000.5. 김용옥, 통나무,《노자와 21세기》3권
- 2000. Fritjof.Capra, SHAMBHALA,《THE TAO OF PHYSICS》. 25th ANNIVERSARY EDITION.
  〈프리초프 카프라, 이성범·김용정역,《현대물리학과 동양사상》, 범양사, 2001.1.〉
- 2000.10. 박일봉, 육문사,《사기》
- 2001.2. 곽기郭沂, 상해上海교육출판사,《郭店竹簡與先秦學術思想》
- 2001.9. 오강남, 현암사,《도덕경》
- 2001.11. 윤진환尹振環, 중화서국中華書局,《楚簡老子辨析》
- 2001.12. 최진석, 소나무,《노자의 목소리로 듣는 도덕경》
- 2002.4. 도종류涂宗流, 국제염황國際炎黃문화출판사,《郭店楚簡平議》
- 2002.9. 형문邢文, 학원學苑출판사,《郭店老子》
- 2003.4. 양방웅, 예경,《초간 노자》
- 2003.11. 이석명, 청계,《백서 노자》
- 2004.2. 섭중경聶中慶, 중화서국中華書局,《郭店楚簡老子研究》
- 2004.4. 김충열, 예문서원,《김충열 교수의 노자강의》
- 2005.9. 진석용陳錫勇, 이인서국里仁書局,《郭店楚簡老子論證》
- 2006.12. 최재목, 을유문화사,《노자》
- 2008.2. 윤진환尹振環, 상무인서관商務印書館,「重識老子與《老子》」
- 2011.11. 팽유상彭裕商·오의강吳毅强, 四川 巴蜀书社,《郭店楚簡老子集釋》
- 2013.7. 임동석, 동서문화사,《한비자》
- 2014.5. 양방웅, 이서원,《대학·초간 오행》
- 2015.4. 신영복, 돌베개,《담론》

초간

노자

제 1 편

갑조

제1장 유상혼성有狀混成

통행본 제25장

有狀混成, 先天地生.
유 상 혼 성　선 천 지 생

혼돈되어 이루어진 모습이 있었으니, 천지가 생겨나기 전이었습니다.

寂廖, 獨立, 不改,
적 료　독 립　불 개

소리도 없고 형태도 없이 고요했으며, 다른 것에 의지하지 않고 홀로 자유로웠으며, 불변의 본성을 지니고 있었으니,

可以爲天下母.
가 이 위 천 하 모

가히 천하 만물의 근본[天下母]이라 하겠습니다.

未知其名, 字之曰道,
미 지 기 명　자 지 왈 도

(사람들은) 그 이름을 몰라 글자로 '道'라 쓰는데,

吾强爲之名曰大.
오 강 위 지 명 왈 대

나는 억지로 이름을 '大'라고 불렀습니다.

大曰逝, 逝曰遠,
대 왈 서　서 왈 원

遠曰反.
원 왈 반

大는 광대무변廣大無邊하여 이르지 않는 곳이 없고, 이르지 않는 곳이 없으니, 한없이 멀리 나가고, 한없이 멀리 나간 다음에는, 제자리로 되돌아옵니다.

天大, 地大, 道大, 王亦大.
천 대　지 대　도 대　왕 역 대

하늘도 大요, 땅도 大요, 道도 大이며, 왕 또한 大입니다.

國中有四大焉,
국 중 유 사 대 언

천하에는 네 가지 大가 있는데,

王居一焉.
왕 거 일 언

왕도 그중의 하나입니다.

人法地, 地法天,
인 법 지　지 법 천

天法道, 道法自然.
천 법 도　도 법 자 연

사람은 땅의 섭리를 본받고, 땅은 하늘의 섭리를 본받고, 하늘은 道의 섭리를 본받으며, 道는 자연의 섭리를 본받습니다.

- 狀^상: 상태. 모습. '狀'은 道의 황홀한 모습을 가리킨다.
- 混成^{혼성}: 혼돈되어 이루어진 것. 道의 본래 모습. 천지음양으로 분화되기 전의 모습. 무극.
- 生^생: (无나 有에서) 생겨나다. 无에서 有가 생겨나는 것은 창생^{創生}·창조^{創造}이고, 有에서 有가 생겨나는 것은 형성^{形成} 또는 생산^{生産}이다.
- 先天地生^{선천지생}: 천지가 생겨나기 전이었다^{天地生之先}. 이를 "천지보다 앞서 생겨났다^(先于天地而生)"로 잘못 해석하는 학자가 있다.
- 其名^{기명}: 혼성된 것의 이름.
- 寂廖^{적료}: 소리가 없고^[寂], 아무 형태도 없이 공허함^[廖].
- 獨立^{독립}: 외부의 간섭을 받지 않는 절대자유의 존재물이라는 뜻.
- 不改^{불개}: 자연. 어떤 이유로도 자신의 본 모습을 바꿀 수 없다는 뜻이다.
- 天下^{천하}: 天地와 만물을 모두 포함. 6장의 "天下之物"과 같다.
- 未^미: 부정어^(不, 非, 弗, 沒과 동의어)
- 字之^{자지}: 글자로. 별명으로
- 道^도: 초간본에 나오는 道는 우주본체론의 道^{'本原道'}라 한다 및 만물생성의 道^{'次生道'}라 한다로써 독창적 개념이다. 백서본과 통행본에는 물리적인 '길' 또는 윤리적인 '규율·도리'라는 넓은 뜻으로까지 쓰였다. 道^(dào)와 大^(dà)는 통용.
- 逝^서: '道'의 끊임없는 움직임을 뜻한다.
- 反^반: 되돌아가다. '返^반'자와 같다.
- 國^국: 천하. 우주. * 제22장에 나오는 '國'자의 초간 글자는 '域'자 모양으로 '나라'의 뜻이다. '나라'의 뜻으로는 或 또는 邦자를 썼는데, 한^漢대 후에는 대부분 邦자 대신 國자를 썼다.
- 人法地^{인법지}: 사람은 땅의 섭리를 본받다. 춘추시대에 '人'과 '民'은 구별된다. 人은 사군자^{士君子}를 포함한 귀족층을 일컫고, 民은 노예와 생산 담당자를 가리킨다. '목민^{牧民}'에는 동물을 기르듯 民을 기른다^(부린다)는 뜻이 들어있다. 民은 사람으로서 대접을 받지 못했다. 〈참조:《논어》1-5〉
- 自然^{자연}: 처음의 모습. 본래의 모습. 본연^{本然}.
  ※ 'nature'는 객관성·물질성을 나타내는데, '自然'은 주관성·정신성을 나타낸다. "赤子^(적자. 갓난아기)"·"樸^(박. 통나무)"은 自然을 상징하는 용어다.

인드라망

초간본에는 우주생성론에 관한 노자사상의 핵심이 들어있다. 학자들은 갑조와 을조의 죽간 작성 시기를 춘추 말이나 전국초기로 본다. 그 때가 BC480년에서 늦어도 BC450년 이전이다. 노자는 장수했다고 알려졌는데 그때까지 살아있을 가능성도 있다. 그래서 초간본의 갑조와 을조를 고원본古原本으로 보는 것이다. 노자의 우주생성론에 관해서는 1장·2장·6장과 35장을 함께 읽어야 노자의 압축된 우주본체론 사상을 제대로 이해할 수 있다.

김충열은 "동양철학에는 창생설創生說이 없다. 하나가 둘로 나뉘는 부판설剖判說 등 그 어느 것도 유일자니 창조주니 조물주니 하는 것에 의한 창조나 창생의 설이 아니다"라고 단언하고 있다〈김충열의 책 241쪽〉. 김용옥도 "태일생수"를 설명하면서 太一과 水가 쌍방적 관계라는 이유로 창생론창조론을 부정한다.〈김용옥의 책 하권 76쪽. 3권 22~23쪽〉 그런데 과연 동양철학에 창생설創生說은 없는 것인가? 이 문제에 관한 자세한 서술을 35장에 두었다.

첫 구절 "有狀混成, 先天地生"의 해석이 중요하다. "有狀混成"은 〈道의 모습은 정체를 알 수 없는 혼돈의 상태〉라는 뜻이다. 天地가 개벽하기 전의 모습이다. "先天地生"은 어떻게 해석하느냐에 따라 뜻이 완전히 달라진다.

해석1	先+天地生 → 天地生之先	天地를 生하기 전에 道는 이미 있었다.
해석2	先天地+生 → 先于天地而生	天地보다 먼저 道를 生하였다.

(해석1)은 '生'의 목적어가 '天地'가 되고 해석2는 '道'가 되는 것이다. 여기에는 주어가 없다. 35장에서 유추해보면 주어는 '태일太一 God'이다. 주어를 넣어서 다시 해석해보면, (해석1)은 〈태일이 天地를 生하기 전에 이미 道가 있었다〉는 뜻이 되고, (해석2)는 〈태일이 天地보다 먼저 道를 生하였다〉는 뜻이 된다. 이 두 해석의 차이는 태일이 天地를 창생한 것인지 아니면 道를 창생한 것인지로 갈린다.

道란 무엇인가?

이 장에서 말하는 道는 사람이 다니면서 만들어지는 물리적인 도로道路라는 뜻도 아니고, 인륜을 나타내는 도리道理라는 뜻도 아니다. 그것은 우주만물이 그 안에 존재하고, 시간의 흐름 속에서 운행하도록 하는 형이상적 태일의 영이다. 이는 인간의 언어를 초월해 있는 존재로서 하나님이 창생한 피조물이 아니다. 천지창생보다 먼저 태일과 함께 존재하고 있으며, 태일과 동격인 '신령神靈'이다. 신령을 무엇이라고 불러야할지 몰라서 글자로 '道'라 쓰고, 별명으로 '大'라 불렀다는 말이다. 다시 말하면 道는 창생된 것이 아니고, 天地는 태일이 창생한 것이다. 따라서 (해석1)이 바르다.

〈※고전에서 비슷한 발음의 글자를 통용하였다. 예 道dào와 大dà. 德dé과 得dé〉

道는 시간이 생겨나면서 그 속에 진입하여 현상계의 만물 속中에 자리하며 만물을 화육化育한다. 그 작용은 한없이 멀리 나가다가 극점에 이르면 되돌아오는 순환 왕복운동을 멈추지 않고 영원히 시간여행을 지속한다〈35장의 "周而或始". 통행본의 "周行而不殆"〉. 道는 스스로가 大이므로 道大인 것이고, 天의 질서에 작용하면 '天大', 地의 질서에 작용하면 '地大', 人의 질서에 작용하면 '人大'이다. 人大를 '王大'로 쓴 것은 王이 人의 질서를 대표하고 있다고 보았기 때문일 것이다.

초간본 제1장	통행본 제25장
有狀混成, 先天地生. 寂寥, 獨立, 不改, 可以爲天下母.	有物昆成, 先天地生. 寂兮寥兮, 獨立不改, 周行而不殆, 可以爲天下母.
天大, 地大, 道大, 王亦大.	道大, 天大, 地大, 人亦大.
國中有四大焉, 王居一焉.	域中有四大, 而人居其一焉.

道大의 위치가 초간본과 통행본이 다르다. 왜 道大를 4大의 가운데에 두었을까? 이는 道가 머무르며 작용하는 공간적 위치가 天地人의 가운데라는 심오한 뜻을 나타낸 것이다.〈尹振環의 앞 책 35쪽. 聶中慶의 책 219쪽〉 이처럼 道는 공간적으로 天地人의 속에 머무르면서 작용하지만, 시간적으로는 天地가 생겨나기 전에 이미 존재하고 있었다. 또한 형이하形而下의 천지인天地人보다 한 차원 높은 형이상形而上의 존재다. 따라서 마지막 구절에서는 〈人→地→天→道〉의 순서로 기술한 것이다.

갑골문에 '나라'를 뜻하는 글자는 〈口+戈〉, 즉 '或'혹자 모양이다. '或'을 둘러싼 '口'가 없다. 이는 '國'모양의 옛글자는 '우주'라는 아주 넓은 공간을 의미하는 글자로 쓰였음을 보여준다. 그래서 곽기는 '國'을 '우주'로 해석하고 있다. 다시 말해, 나라의 뜻으로는 〈或, 域, 邦〉자 모양의 글자를 혼용하였고, '國'자는 우주라는 뜻으로 쓰인 것이다. 그러다가 서한 때에 이르러, '나라'의 뜻으로 고조 유방劉邦의 '邦'자를 피해서 아예 '國'자로 통일해서 사용하였다. 그런데, 왕필본에 나오는 "域中有四大"를 보면, 왕필본이 작성되던 AD240년까지도 域자와 國자를 혼용했음을 볼 수 있다.

춘추시대에 王은 주나라의 '천자天子' 한 명이었다. 주변의 나라들은 천자가 왕실의 친척이나 공신들에게 작위를 주어 다스리게 했다. 일종의 지방정부라 하겠다. 나라의 규모에 따라 공公·후侯·백伯·자子·남男의 5개 등급으로 구분하여 작위를 주었다. 멀리 떨어져 있는 나라는 현지의 통치자를 제후로 봉하기도 했다. 이러한 질서가 춘추시대 말에 무너진다. 천자의 왕권이 약해지면서 제후들끼리 싸움이 잦아진 것이다. 어떻게 하면 나라들끼리 다투지 않고 민중이 편안하게 살 수 있을까? 노자가 찾은 해법은 상商과 서주西周 때처럼 천하에는 한 사람의 王이 있어야하고, 그의 권위를 인정해 주어야 한다는 것이다. 王은 道·天·地와 대등할 정도로 존귀하기 때문이다.

사람은 땅에 바탕을 두고 농사를 지으며 살아갈 수밖에 없는 존재다. 농사는 땅의 성품〈地氣〉과 하늘의 때〈天時〉에 맞춰 지어야한다. 그러므로 「사람(왕 포함)은 누구든지 지기地氣를 본받아야하고, 地는 그 생성의 궤도가

되어주는 天의 운행 질서를 본받아야하고, 天은 또 그를 영원히 차질 없이 운행할 수 있게 하는 道를 본받아야하며, 道 또한 그렇게 작용할 수 있게 해주는 태일의 섭리, 즉 自然을 본받아야한다.」'自然'이란 무엇인가? 이는 스스로를 근본으로 삼아 존재하고, 天地를 생겨나게 하는 우주만물 본래의 근본이요, '태일의 섭리'를 가리키는 말이다.

사람의 몸속에 병원균이 침입하면 이를 물리치기 위해 백혈구가 몰려온다. 수억 개의 백혈구들이 하나의 명령체계로 일사분란하게 병원균과 치열한 전투를 벌인다. 개미떼나 벌떼도 전체가 하나의 생명체처럼 움직이고, 말벌이 침입하면 백혈구처럼 자신을 희생하면서 집단체제의 안전을 지킨다. 이처럼 수많은 개체들이 하나의 생명체처럼 움직이는 것을 '초유기체'라고 한다. 모든 개체들 서로가 역동적인 상보성 相補性 으로 얽혀있다는 말이다.

우주도 마찬가지다. 만일 멀리 떨어져 있는 우주의 한 부분을 제거한다면, 그와 동시에 가까이 있는 우주의 다른 부분도 존재할 수 없게 된다. 노자는 "천망 (天網하늘의 그물)은 광대하여 엉성한 것 같지만, 그 그물을 빠져나가는 것은 하나도 없다. 〈天網恢恢, 疏而不失.통행본제73장〉"라고 했다. 우주의 질서는 이렇게 서로 밀접하게 연결되어 있다는 말이다.

불교에서는 천망天網을 '인드라망(Indra's net. Cosmic web)'이라고 한다. 인도 신화에서 유래된 말이다. 힘의 신인 인드라Indra가, 정의의 신인 아수라Asura 의 침입을 막기 위해 그물로 제석천궁 위의 하늘을 덮었는데, 그물의 매듭에는 구슬을 달아 두었단다. 아수라 군대가 어느 한곳에 침입하면 그곳의 구슬에 모습이 비치고 이어서 다른 모든 구슬에도 비치게 되어 있는 정보 망이다.

일체의 존재가 홀로 있지 않고 첩첩이 겹쳐진 가운데 얽혀 함께 존재함을 비유하여 설명할 때 이 말을 쓴다. 우주의 모든 요소는 그물로 연결되어 있을 뿐만 아니라, 매듭에 달린 구슬은 구슬마다 우주 전체를 비추어준단다. 우주 속에 한 구슬이 있고, 한 구슬 속에 우주가 들어 있다. 전체 속에 하나가 있고, 하나 속에 전체가 있다는 연기론緣起論이다.

한 사람의 신체를 인드라망으로 보면 세포라는 그물로 얽혀 있고, 세포마다 유전자라는 구슬이 있으며, 이 유전자가 그 사람 전체를 비추어준다는 뜻이다. 우주만물도 마찬가지로 道라는 구슬로 서로 연결되어있다. 이런 우주적 관계의 망은 "너무 넓기 때문에 이르지 않는 곳이 없고, 이르지 않는 곳이 없으니 한없이 미치고, 한없이 미치니 제자리로 되돌아간다⟨大曰逝, 逝曰遠, 遠曰反⟩."라고 했다. 우주의 역동적 순환 질서를 설파하는 말이다. 이러한 장엄한 '태일의 섭리'가 自然이다.

제2장

허이불굴 虛而不屈

통행본 제5장 중반부

天地之間, 其猶橐籥歟?
천 지 지 간   기 유 락 약 여

천지 사이의 공간은, 풀무와 같은
것이 아닐까요?

虛而不屈, 動而愈出.
허 이 불 굴   동 이 유 출

텅 비어 있지만 다함이 없고, 움직
일수록 ^(숨은) 더욱더 세게 나옵니다.

- 橐籥^{탁약}: 풀무. *옛날 불을 피울 때 바람을 일으키는 도구.
- 歟^여: 어조사.
- 屈^굴: (힘이) 소모되어 없어지다. (물이) 마르다. *'갈竭'과 같다.
- 愈^유: 더욱더.

• • •

우주적 호흡

공허^{空虛}는 모든 현상들을 떠받치고 있으나 형태를 초월하고 있으므로 어떠한 묘사로도 설명이 어렵다. 단순한 무^无가 아니다. 모든 형상들의 본질이며 생명의 원천이고 무한하다. 형체는 없으나 모든 형상들이 생겨나오는 공허인 것이다.

생겨나오는 힘은 생명을 유지시켜주는 숨이며, 숨을 쉬어 우주에 생기^{生氣}를 불어넣어 준다. 힘이 응축되면 개별적으로 형상이 나타나며, 분산되면 비가시적 형상으로 사라진다. 힘이 사라져 공허해졌다고 그것이 존재하지 않는다고 말할 수는 없다.

반야심경에 다음과 같은 말이 있다.

「색^色은 공^空과 다르지 않고 공은 색과 다르지 않으니, 색은 곧 공이요 공은 곧 색이다. 〈色不異空 空不異色, 色卽是空 空卽是色.〉」 色이라는 물질계와 모든 존재의 근원자리인 空은 대립되는 듯 보이나 그 실체는 같다는 말이다. 아인슈타인은 1905년에 유명한 공식 $E=mc^2$을 발표했다. 물질^[色]과 에너지^[空]의 연결

고리가 빛의 속도$^{(299,792km/sec)}$의 제곱이라는 것이다. 물질과 에너지가 시간과 공간 속에서 어우러진 것이 우주다.

제1장에서는 道의 속성을 설명하였고, 이 장에서는 道의 작용을 풀무에 비유하여 설명하고 있다. 우주는 풀무처럼 음양의 기운을 역동적으로 응축하고 분산시키며 숨을 쉬는 하나의 유기체라는 것이다. 그리스 철학자 아낙시만드로스^{Anaximandros}는 마치 사람이 공기를 호흡하며 숨결을 유지하는 것처럼, 우주도 프노이마^{Pneuma} 혼라는 우주적 숨$^{cosmic\ breath}$에 의하여 유지되는 유기체로 보았다.

《THE TAO OF PHYSICS》, 20쪽.

음양의 상호작용도 하나의 호흡현상이다. 양은 역동성·동動·강強·남성적이며, 음은 균형·정靜·약弱·여성적이다. 음과 양이 조화를 이루며 돌고 돌아 우주라는 유기체의 질서를 유지한다. 기독교사상은 음보다 양에 가치의 중점을 두고 있지만, 노자사상은 양보다 음에 중점을 두고 있다.

생명체들은 호흡呼吸을 한다. 공기를 내쉬는 것이 호呼이고 마시는 것이 흡吸이다. 공기의 움직임이 바람이므로 호흡은 곧 바람을 내쉬고 마시는 것이다. 만물은 하늘로부터 나온 양기와 땅으로부터 나온 음기가 합성된 것이라고 음양가들은 말한다. 생명체의 양기를 혼魂이라 하고, 음기를 백魄이라고도 말한다. 그래서 생명체가 죽으면 함께 있던 혼백이 나뉘어서, 혼은 하늘로 날아가 바람이 되고 백은 땅으로 돌아가 흙이 된다고 한다. 만물도 인

연^{因緣}따라 음양의 기운을 마시고 내쉬며 모였다가 흩어지는 제법공상^{諸法}^{空相}이다. 지상의 생명체뿐만 아니라 우주도 호흡을 한다. 이 우주적 호흡이 道의 숨이다, 道는 음양의 기운으로 숨을 쉰다.

　노자는 우주적 숨을 풀무[橐籥탁약]에 비유하여 설명하고 있다. 풀무란 대장간에서 불을 피울 때 바람을 일으키는 기구인데, 우주를 하나의 거대한 풀무로 본 것이다. 天은 양^陽·열^熱이며, 地는 음^陰·냉^冷이므로, 天地란 곧 양음^{陽陰}이며, 열냉^{熱冷}이다. 우주는 天地라는 거대한 풀무로 바람을 일으켜, 따뜻한 양기와 차가운 음기를 마시고 내쉬는 호흡 작용을 한다는 것이다. 바로 태극의 순환운동이다.

　통행본 제5장에는 다음과 같은 불필요한 글이 "天地之間" 앞에 삽입되어 있다.
　〈天地不仁, 以萬物爲芻狗. 聖人不仁, 以百姓爲芻狗.〉

제3장 | 각복기근各復其根

통행본 제16장 전반부

致虛, 恒也;
치 허 항 야

'허(虛)'에 이르려면, 꾸준함이
있어야 하고,

守中, 篤也.
수 중 독 야

'중(中)'의 상태를
유지하려면, 독실해야 합니다.

(虛에 이르고 中을 지키면)

萬物方作, 居以須復也.
만 물 방 작 거 이 수 복 야

만물은 비로소 (생멸을) 시작하며,
조용히 제자리로 되돌아감을
기다립니다.

天道員員, 各復其根.
천 도 원 원 각 복 기 근

천도는 돌고 돌아,
각각 그 근원으로 되돌아가는 것
입니다.

- 致치: 집중하다. 이루다. *원문에는 '至'자로 나온다.
- 方방: 막, 지금, 비로소.
- 居거: 제자리[道] *'擧거'자와 통한다.
- 須수: 앉아서 기다리다. '待(대: 기다리다)'의 뜻이다.
- 員員원원: 둥글고 둥글다. 돌고 돌다.
  *'云云', '芸芸' 등 판독이 다양하나 '圓圓'의 뜻이다.

• • •

노자와 헤라클레이토스

초간본	백서본(을)	왕필본
致虛, 恒也; 守中, 篤也.	至虛, 極也; 守靜, 督也.	致虛, 極; 守靜, 篤.

《설문說文》에 "虛는 大丘다虛, 大丘也"라 했다. '大丘대구'는 〈언덕 주변이 막히지 않고 텅 비어 있는 곳〉을 가리키는 말이다. '虛'는 인위적 가식이 없는 무위无爲의 언덕, 즉 공허空虛라는 뜻이다.

'守中'의 '中'자는 중요한 글자다. 제16장에 나오는 '美와 惡', '善과 不善'으로 개념이 구분되기 전의 상태가 '中'이다. 이 뜻은 노자의 〈自然, 无爲〉사상에서 찾아야 한다. 자사子思는《천명》제3장에서 "희로애락喜怒哀樂이 발현되지 않은 평정심을 '中'이라 하고, 발현되어 절도에 맞는 것을 '和'라 한다"고 했다. '중화中和'의 '中'과 '守中'의 '中'은 서로 통하는 뜻이다.

허虛에 이르고 중中을 지키면 만물은 역동적 균형을 이루며 순환한다는

道의 순환성을 설명하고 있다. 노자가 말한 '中'은 우주의 운행질서 속에서의 역동적 균형을 뜻하고, 자사가 말한 '中'은 인간의 언행과 마음속에서의 역동적 균형을 뜻한다. 그러한 균형을 이룬 상태가 '정靜'이므로, '中'이 곧 '靜'이다.

곽기는 "자사사상의 핵심은 〈중용中庸과 중화中和〉의 '中'이다. 이 '中'의 연원淵源이 이장의 '守中'에 두고 있다. 이 또한 자사가 노자사상의 영향을 받았음을 보여준다. 통행본에는 모두 '中'자가 '靜'자로 나온다. 후대에 '中和'와 차별화하기위해 '靜'자로 바꾼 것으로 추정한다"고 했다.

참조: 곽기郭沂의 책 56쪽.

근원으로 되돌아간다는 말은 만물의 순환을 뜻하며, 노자철학의 열쇳말이다. 생로병사도 순환이요, 지진이 일고 태풍이 부는 것도 순환이다. 순환이란 자유를 향한 흐름이다. 강물처럼 자유를 향하여 흘러가는 것이 자연이다. 작은 씨앗으로부터 새싹이 돋아나 크게 자라나고 울창해지다가, 가을이 되면 누렇게 낙엽이 되어 떨어진다. 흙이 되어 뿌리로 돌아가는 것이다. 인생도 마찬가지다. 모든 생명체는 순환의 과정을 거친다. 빈 몸으로 태어나 살다가 마지막에는 빈 몸이 되어 허정虛靜의 세계, 자연으로 되돌아가는 것이다. 그런데 인간은 언제나 부자유를 향하여 거꾸로 가려는 집착이 있기 때문에 고통 속에서 벗어나지 못한다.

카프라(F.Capra)는《The Tao of Physics》를 쓴 목적이 "현대물리학의 제 개념과 동양철학의 종교적 전통 속에 들어있는 기본 이념들의 관계를 탐구하는데 있다"고 했다. 그는 서구문명의 기계론적 자연관으로는 설명할 수 없는, 극대極大와 극미極微의 물질세계에서 보이는 역동적 생멸 현상의 원리를 고대 동양철학의 자연관에서 찾았다.

동양철학의 목적은 사물의 상호연관성(mutual interrelation)을 궁리하여 그 본질을 깨달아서 아는 데 있다. 감각으로 느끼고 보는 모든 사물은 상호 관련되어 있으며 다 같은 궁극적인 실재의 다른 모습이거나 현시에 지나지 않는다는 것이다.

카프라는 이런 유기체적 자연관을 지닌 대표적인 동양철학자로서 기원전 6세기에 살았던 노자(노담)를 찾아냈다. 그는 노자와 그리스의 헤라클레이토스(Heraclitus: BC 540?~BC 470?)의 사상이 매우 유사하다고 보았다. 노자가 말한 '천도는 돌고 돌아 각각 그 근원으로 되돌아간다.'는 사상과 헤라클레이토스가 말한 원왈반(遠曰反Going far means returning)사상은 같은 개념이다. 이는 사철의 계절변화에서 추론된 것인데, 동양에서는 태극으로 상징한다. 그들의 사상은 본질적으로 서로 같을 뿐만이 아니라 현대물리학이 추구하는 이론과도 매우 유사하다고 하였다. 　　　　　　　　　《The Tao of Physics》. 116쪽

아름다움과 추함, 선善과 불선不善, 유有와 무无, 낮과 밤, 열熱과 냉冷, 전쟁과 평화, 사랑과 미움, 삶과 죽음 등 대립된 개념은 공존하는 '위대한 하나'라

는 것이다. 동양사상에서 말하는 음양론인 것이다. 헤겔은 이러한 변증법사상의 발견자를 헤라클레이토스라고 했는데, 이는 동양에 노자가 있었다는 사실을 모르고 있었기 때문에 한 말이다.

노자와 헤라클레이토스의 사상과 생애가 매우 유사하지만, 다른 점도 있다.

노자는 만물의 근원을 물[水]로 보았으며, 물에서 천지만물과 4계절이 생겨나온다고 설파하였다. 그래서 강과 바다는 백곡百谷의 왕이며, 천하의 어머니라고 부른 것이다. 노자는 음귀양천陰貴陽賤의 사상가다.

헤라클레이토스는 만물의 근원을 불[火]이라 했다. 불에서 흙이 나오고, 흙에서 물이 나오고, 물에서 공기, 바람이 생겨나오는데, 그런 변화를 하다가 궁극에 이르면 다시 불로 되돌아간다고 본 것이다. 그는 "만물은 유전流轉한다(Everything flows)"는 유명한 말을 남겼다. '만물은 끊임없이 흘러가고 정지된 것은 없다. 그러기 때문에 같은 강물에 두 번 들어갈 수 없다'는 말이다. 헤라클레이토스는 양귀음천陽貴陰賤의 사상가다. 그의 사상은 5백 년의 시간을 뛰어넘어 남성위주의 초기 기독교사상의 형성에 영향을 끼쳤다.

두 철학자는 우주의 모든 변화는 대립자들의 역학적이며 주기적인 상호작용으로부터 일어나고, 대립자의 쌍을 하나의 통일체로 보았다. 이 대립자들은 본래부터 본질적으로 시간과 변화를 내포하고 있는 것이다. 이런 대립하는 힘들을 내포하면서 변화를 지배하는 것을 노자는 '道'라 하였고, 헤라클레이토스는 '로고스Logos'라 했다. 道와 로고스는 우주의 질서를 지배하는 법칙이며 원리라는 점에서 같은 말이다.

참고: 《The Tao of Physics》, 20쪽. 초간본 《노자》 1장, 2장, 3장, 35장.

노자 말씀은 초간본의 출토로 직접 우리 앞에 나타났다. 경이로운 일이다. 그러나 헤라클레이토스의 말씀은 플라톤과 아리스토텔레스를 거쳐 간접적으로 전해오고 있을 뿐이다.

제4장

함덕舍德

통행본 제55장

含德之厚者, 比于赤子.
함 덕 지 후 자　비 우 적 자

덕이 중후한 사람은 마치 갓난아기 같습니다.

蜂蠆虫蛇不螫,
봉 채 충 사 불 석

벌·전갈·벌레·뱀들도 ^(쏘거나) 물지 않고

攫鳥猛獸不扣,
확 조 맹 수 불 구

맹금·맹수도 그에게 덤벼들지 않으며,

骨弱筋柔而握固,
골 약 근 유 이 악 고

뼈가 약하고 근육도 부드럽지만 움켜잡는 힘이 세며,

未知牝牡之合,
미 지 빈 모 지 합

비록 남녀의 교합交合을 모르지만,

然怒, 精之至也.
연 노　정 지 지 야

저절로 발기되는 것은, 정기精氣가 지극하기 때문입니다.

終日乎而不嚘, 和之至也.
종 일 호 이 불 우　　화 지 지 야

온종일 울어도 근심이 없는 것은,

(그의 몸과 마음에) 해화諧和의 기운이

지극하기 때문입니다.

和曰常,
화 왈 상

해화를 '상(常)'이라 하고,

知和曰明.
지 화 왈 명

해화를 아는 것을 '명明'이라 합니다.

(해화를 모르고 무리하게)

益生曰祥, 心使氣曰强.
익 생 왈 상　　심 사 기 왈 강

장생(향락)을 추구하는 것은 불길한

일이고, 마음대로 기氣를 쓰는 것은

강포强暴한 일입니다.

物壯則老,
물 장 즉 노

사물은 강장해지면 곧

노쇠해지는 법이지요,

是謂不道.
시 위 부 도

이런 것[物壯]을 '부도不道'라고

말합니다.

- 赤子^{적자}: 갓난아기. 아름답다거나 추하다거나 또는 선^善하다거나 불선^{不善}하다고 느끼는 어떠한 분별의식도 없는 상태의 순수한 사람을 비유한 말이다. 통행본에는 '영아^{嬰兒}'로 나온다.
- 牝牡^{빈모}: 암컷과 수컷.
- 然怒^{연노}: 죽간의 글자를 '然'으로 판독. 백서본에는 '朘怒^{전노}'로 나온다. '朘^{전 juān, zuī}'은 유아의 잠지[성기]라는 뜻이다.
- 精^정: 땅으로부터 나오는 음기를 精이라하고, 하늘로부터 나오는 양기를 神이라 한다. 음기와 양기가 어울려 생긴 것이 '정신^{精神}'이다. 그러므로 정신이 맑아지려면 땅으로부터는 좋은 물과 음식을 섭취하고, 하늘로부터는 많은 공기를 호흡해야한다.
- 乎^호: 아이가 웃거나 울 때 나오는 소리. *[嘑^호]
- 常^상: 불변의 법칙. 항상 그러한 것[自然]. 道의 특성을 뜻하는 말이다.
- 明^명: 해화^{諧和}를 아는 것. 道를 깨달아 밝고 맑아진 마음. 덕성^{德性}.
- 祥^상: 祥에는 '길상^{吉祥}'의 뜻도 있고, '흉상^{凶祥}'의 뜻도 있다. 생존을 유익하게 하는 것을 길상^{吉祥}이지만, 이와 반대로 자기중심의 기심^{機心}을 가지고 자기 몸을 사역하는 것을 '강강^{强剛물리적으로 남에게 핍박을 가하는 것}'이라 한다. 세상 만사만물은 극성을 부리면 노쇠^{老衰} 쪽으로 가게 마련이다. 이를 '부도^{不道}'라 한다. 자연에 역행하는 것은 오래 가지 못하고 일찍 끝나는 법이다. 〈김충열의 책 63쪽〉

• • •

덕德이란 무엇인가

노자철학의 핵심은 天과 人사이에 통로를 여는 일이다. 天은 인사^{人事}에 귀결되는 것이고, 또한 인사의 근본은 반드시 天으로부터 나오는데, 그 天이 곧 自然이라는 것이다. 이렇게 볼 때, 노자의 세계관·사회관과 인생관은 하나의 통일 체제를 이룬다.

"노자철학의 목적은 형이상적 우주론의 건립에 있는 것이 아니다. 우주

질서의 근원인 道로부터 인생의 의미와 생활태도를 찾아 잘 정돈하는데 있다. 그렇기 때문에 도가의 우주론이란 노자의 인생철학에서 나온 부산물이라고 할 수 있는 것"이라고 한 서복관^{徐復觀}의 견해에 대하여, 학자들은 대체로 긍정한다.

人은 만물중의 하나에 불과하지만, 일반 물^物과는 달리 만물의 영장으로서, 만물의 주인노릇을 하고 있다. 그래서 노자는 人에게 道·天·地와 대등할 정도의 숭고한 지위를 부여한 것이다. 여기에서 노자의 인본주의사상을 찾아볼 수 있다.

〈"人法地, 地法天, 天法道, 道法自然."1장〉

또한 비록 《노자》라는 책에 '성^性'자는 없지만, 노자는 중국사상사에서 맨 처음 실질적으로 성숙한 인성론을 제기하였다. 만물은 道로부터 성^性을 부여받는데, 그 性이 곧 德이다. 보통 德이라 함은 人性, 즉 人德을 가리킨다. 德은 곧 道와 人의 사이를 잇는 교량인 셈이다. 德의 특성은 물[^水]로 상징된다.

초간본에서는 사람의 德만을 논했는데, 통행본에서는 만물지덕^{萬物之德}으로 범위가 확대된다. 이에 따라 초간본에는 '德'자가 9번 나오는데^{(4장, 22장,} ^{29장, 30장)}, 백서본^{帛書本}에서는 '德'자가 44번, '得'자가 8번 총 52번으로 대폭 늘어난다.

〈*'得'을 '德'으로 본다.〉

	초간본《노자》	통행본《노자》
덕德의 본 개념 〈수성水性·자연自然〉	인덕人德 〈인성人性〉	만물지덕萬物之德 〈만물의 성性〉

통행본 제51장 전반부를 보자.

道生之, 德畜之, 物形之, 勢成之. 是以萬物莫不尊道而貴德. 道之尊, 德之貴, 夫莫之命而常自然.	道는 만물을 생성하고, 德은 만물을 축양하고, 物은 만물의 형체를 갖추게 하고, 勢는 만물이 쓰임이 있도록 한다. 그러기에 만물은 道를 존중하고 德을 귀하게 여기지 않을 수 없는 것이다. 道를 존중하고 德을 귀하게 여기는 것은 명령 때문이 아니라 저절로 그렇게 되는 自然이다.

道는 만물을 낳기만 하고 임무가 끝나는 것이 아니다. 항상 德과 상부상조하면서 만물이 성장하고 결실을 맺게 하고 보호해준다. 道는 어떤 의지를 가지고 치밀한 계획을 세워 그렇게 작용하는 것이 아니다. 그저 만물이 저절로 그렇게 되는 것(自然而然)이다. 이 점이 창조주가 피조물을 초월하여 존재하고 있으면서 생사에 직접관여하고 있다고 보는 기독교사상과 다르다. 여기에서 德은 사람만을 대상으로 하는 인덕人德이 아니라, 만물지덕萬物之德을 가리킨다.

〈곽기의 책 685~686쪽. 719쪽〉

"德이란 오행仁義禮智聖의 다섯 가지 품성이 해화諧和되어 몸 밖으로 내는 아름다운 화음"이라 했다. 오행 중에서 어느 한 요소만 빠져도 아름다운 화음이 나오지 않는다. 오행의 화음을 옥음玉音이라 했다. 옥음이 곧 德이다.
德은 道가 있어야 따라서 존재할 수 있는 것이고 오행이 있어야 성립되는
개념인 것이다.

<참조: 제30장 해설.《대학·초간 오행》237쪽>

[참고]

- 공자:《논어》에 나오는 道와 德의 개념은 비교적 단순하다. 공자는 <'道'는 사람이 살아가
  면서 지켜야 할 올바른 도리이고, '德'은 위정자가 갖추어야 할 품성>으로 보았다.
- 자사子思:《천명》에서, 「인간사회에서 道를 실행하는 대상은 군신君臣, 부자父子, 부부夫婦,
  곤제昆弟와 붕우朋友의 다섯 가지 관계[達道: 五倫]이고, 그 관계에서 道를 실행하려면 지인
  용智仁勇의 세 가지 품성[達德]을 지녀야한다」고 했다.《오행》에서는 덕德의 품성을 세 가
  지智仁勇에서 다섯 가지仁智義禮聖로 세분했다. 그리고 이 다섯 가지 품성이 화해和諧되어
  울리는 화음[玉音]을 덕德이라 불렀다. 자사는 '덕德'의 개념을 지성至誠의 경지로 끌어올
  린 것이다.
- 통행본 제8장상선약수:"德上善은 물과 같다. 물은 거의 道이다."
- 통행본 제21장:"大德의 모습은 오로지 道를 따르는 데에서만 나온다孔德之容, 惟道是從.>
- "德은 道의 체현体現이다德是道的体現."<尹振環의 2008년판 책 145쪽>
- 道는 萬事萬物의 기본적 원리원칙이고, 德은 각 事物에 분산되어있는 원리원칙이다.
  <중화민국 1987년도 판 國語活用辭典 655쪽>

名與身孰親?
명 여 신 숙 친

명성과 생명 중 어느 것이
더 친밀할까요?

身與貨孰多?
신 여 화 숙 다

생명과 재물 중 어느 것이 더
귀중할까요?

得與亡孰病?
득 여 망 숙 병

(명성·재물을) 얻는 것과 (생명을) 잃는 것
중, 어느 것이 더 해로울까요?

甚愛必大費.
심 애 필 대 비

(명성·재물을 얻으려고) 지나치게 집착하
면, 반드시 더 많은 비용이 들며
(대가를 치르기 마련이며),

厚藏必多亡.
후 장 필 다 망

지나치게 축적을 하면 반드시
더 많은 손실이 생깁니다.

故知足不辱, 知止不殆,
고 지 족 불 욕   지 지 불 태

그러므로 만족함을 알면 부끄러
움을 당하지 않고, (분수에 맞게)
멈춤을 알면 위태롭지 않으니,

可以長久.
가 이 장 구

(이렇게 하면) 오래도록 ^(안전한 삶을)

유지할 수 있습니다.

- 身신: 몸. 생명.
- 孰숙: 무엇. 어느 것.
- 甚愛심애: 지나친 애착·집착 *'愛'를 곽기는 '애석哀惜'으로, 윤진환은 '인색吝嗇'으로 해석하였다.

• • •

기기敧器

마음에 부족함이 없다고 생각하는 것이 곧 만족이다. 그릇에 물을 가득 채우려고 하면 넘쳐버리지만, 조금 아래 선에서 멈추면 넘치지 않는다. 사람의 욕심에는 제한 선이 없다. 남보다 조금 더 가지려고 하고, 조금 더 높게 오르려는 욕심 때문에 삶의 무대가 고해苦海가 된다. 그러니 보통사람들은 고해에서 벗어나지 못한다.

〈명성·재물〉과 〈건강·생명〉 중 어느 것이 소중한가라고 질문한다면 어느 누구든지 같은 답을 할 것이다. 그런데 실재로는 명성과 재물을 더 많이 얻으려고 노력한다. 우리 사회는 "군자는 죽은 후에도 명성을 내지 못할까 고민한다(君子疾沒世而名不稱焉. 논어15-20)"고 말한 공자의 영향을 받아 자신의 건강을 희생하면서까지 명성을 중요시해왔다. 명성과 재물에 대한 과욕 때문에 건강을 잃고 심지어 생명마저 잃는 경우가 참으로 많다. 욕심이 어느 한계를 넘으면 이성이 마비되고 자제력을 잃어버린다. 사고를 친 다음에야 후회하지만, 이미 회복불능의 상태가 되고 재앙이 찾아온다.

공자가 노나라 환공의 사당을 방문하였을 때 '기기^{敧器}'라는 그릇을 보고 사당지기에게 무슨 그릇이냐고 묻자, 사당지기는 "환공이 자리 오른편에 두던 유좌기^{宥坐器}"라고 대답한다. 공자가 "이 그릇은 비어 있으면 기울고, 알맞게 차면 바르게 놓이며, 가득 차면 엎어진다^{〈虛則敧, 中則正, 滿則覆〉}"고 들었다면서 제자를 시켜 물을 떠오게 하여 그릇에 담아 실험해보니 실제로 그와 같았다.

《순자荀子》〈유좌宥坐편〉

　　고대 중국에서 왕이 앉는 자리의 오른쪽에 놓고 보면서 '넘치지도 모자라지도 않고 알맞게' 처신하도록 스스로 경계하는 데 사용한 그릇이다. 이를 '계영배^{戒盈杯}'라고도 한다. 공자도 이를 항상 곁에 두고 마음을 추스르며 과욕을 경계했다고 한다.

제6장 | 생우무生于无

통행본 제40장

反也者, 道動也.
반 야 자　도 동 야

순환은 도의 운동입니다.

弱也者, 道之用也.
약 야 자　도 지 용 야

유약柔弱함은 도의 작용입니다.

天下之物, 生于有, 生于无.
천 하 지 물　생 우 유　생 우 무

천하 만물은 ^(어떤 것은) 유有에서 생겨
나고, ^(어떤 것은) 무无에서 생겨납니다.

- 反也者^{반야자}: '反'은 '返^(반. 되돌아가다)'의 뜻과 '相反^{상반}'의 뜻이 있다. 따라서 '返'으로 보아 '순환'으로 해석할 수도 있고, '相反'으로 보아 '대립통일^{對立統一}'로 해석할 수도 있다.
- 生于有^{생우유}: 有에서 생겨나다. 생산이나 출산을 뜻한다^(produce, make)
- 生于无^{생우무}: 无에서 생겨나다. 창생^{創生}·창조를 뜻한다^(create). 원문에는 '无'자가 '亡'자로 나온다. '無'의 고자^{古字}는 '亡'이다. 지금은 '无'로 통일해서 쓴다.

• • •

본원도^{本原道}와 차생도^{次生道}

천하 만물은 정^正으로 움직여 극점에 이르면, 다시 반^反으로 되돌아가는 순환을 반복한다. 봄에 새싹이 돋아나고 무성하게 자라고 낙엽이 진 후에 추운 겨울을 보낸다. 사계절이 순환하듯 만물은 생겨나서 자라고 변화하고 사라지는 성주괴공^{成住壞空}의 과정이 곧 자연이다. 없음에서 있음으로, 그리고 있음에서 없음으로 순환을 거듭하는 것이다. 겨울은 공^空이지만 돌아오는 봄에 출산하기 위하여 생명을 잉태하고 있는 희망의 공이다.

순환은 음양 양극간의 역동적인 상호작용이다. 이를 도의 운동, 즉 도동^{道動}이라 하였다. '反也者'는 도의 근본[^體]이고, '弱也者'는 도의 작용[^用]이다. 순환은 도의 체용^{體用}을 설명하는 말이다. 부드럽고 약한 것은 도의 효용이다. 도를 모든 물질 중에서 가장 부드럽고 약하다고 보는 물에 비유하여 설명한다.

물은 만물에 활력을 주면서도 무위를 지키며, 미세한 틈으로도 쉽게 들어가 널리 퍼져나가고, 다투지 아니하나 극복하지 못하는 것이 없으며, 자기 모습을 고집하지 아니하고 모든 형태에 순응하니 없는 곳이 없으며, 그래서 천하의 어머니라고 한다. 물의 근본은 道이며 성품은 德이다. 천하의 만물은 道의 순환운동과 유약함의 덕성德性 속에서 무궁무진하게 생멸하는 것이다.

여기에서 생멸하는 '순환운동의 주체가 道인가 아니면 만물인가?'라는 어려운 문제가 제기된다. 이 문제를 해결하기위해서는 道의 공능을 두 가지로 나눠볼 필요가 있다. 하나는 천지신명天地神明 및 음양사시陰陽四時의 생성과 만물의 근본으로서의 道이고, 다른 하나는 시간의 운행 속에서 만물의 생멸 순환운동에 작용하는 道이다. 편의상 전자를 본원도本原道라 하고, 후자를 차생도次生道라 부른다. 노자가 말한 순환왕복循環往復이나 물극필반物極必反은 차생도의 운행규율을 가리키는 것이고, 차생도 운행의 출발점과 귀숙점歸宿点은 본원도이다. 1장의 "대왈서大曰逝, 서왈원逝曰遠, 원왈반遠曰反"은 차생도가 본원도에서 나와 운행하는 과정을 가리키는 말이다. 3장의 "천도원원天道員員, 각복기근各復其根"의 "根"자는 당연히 본원도를 가리킨다. 순환이라는 것은 차생도의 유한한 과정을 거친 다음에 본원도로 돌아가고, 다시 차생도의 순환을 영원히 반복하는 것이다. 이것이 6장의 "반야자反也者, 도동야道動也."라는 말이다.

〈참조: 곽기의 책 682쪽〉

통행본에는 다음 표에서 보듯 "生于无" 앞에 '有'자가 있다.

초간본	백서본을	왕필본
反也者, 道動也	反也者, 道之動也	反者, 道之動
天下之物	天下之物	天下萬物
生于有, 生于无	生于有, 有□于无	生于有, 有生于无.

형문시 박물관에서 죽간을 정리한 연구원은 백서본[을본]과 왕필본을 비교해보고, 초간본 "生于有"의 끝에 중복을 표시하는 부호[=]가 탈락되어있을 것으로 추정했다. 부호[=]가 있다고 보면 〈生于有, 有生于无〉가 되어 초간본과 통행본이 같아진다. '有'자를 추가한다면, 〈만물은 있음[有]에서 생겨나오고, 있음은 없음[无]에서 생겨나온다〉는 뜻이다. 이는 〈无 → 有 → 만물〉라는 우주생성론의 선후관계를 설명하는 말이다. 마치 신의 창조론을 연상케 한다.

그러나 죽간의 사진을 살펴보면, "生于有"의 끝에 중복을 표시하는 부호 [=]가 끼어들 공간이 없다. 이는 "生于无" 앞에 '有'자가 없다는 말이다. 옛날 사람들은 어미가 새끼를 낳듯 어떤 것은 "生于有"하고, 제35장의 '물[水]' 처럼 어떤 것은 "生于无"로 보았던 것 같다. 바람·비·천둥소리·번개와 같은 것도 无에서 생겨나온 것으로 본 듯하다. "태일생수太一生水"는 〈하나님이 无에서 물[水]을 창생하였다〉는 말이다. 죽간에 쓰여 있는 그대로 단순하게 〈生于有, 生于无〉로 보면 된다. 이 글은 제16장에 나오는 "유무지상생야有无之相生也"로 이어진다. 〈有와 无〉는 태극의 음과 양의 관계처럼, 선후관계에 있는 것이 아니다. 그것은 동시에 존재하면서 서로를 생겨나오게 하는 상생 관계에 있다는 말이다.

천하지물天下之物은 어떤 것은 有에서 나오고, 어떤 것은 无에서 생겨나온다. 이는 생멸을 반복하는 순환운동이다. 순환운동은 유약함에서 강함으로, 그리고 강함에서 유약함으로 전환되는데, 이는 道의 작용[用]을 뜻하는 말이다. 사물의 순환운동을 일으키는 힘은 사물 밖에서 오는 것이 아니다. 순환운동은 사물의 본원적인 속성이며, 이를 '自然'이라 부른다.

제7장 | 공수신퇴功遂身退

통행본 제9장

殖而盈之, 不若[其]已.
식 이 영 지　불 약　기　이

쌓아올려 가득히 채우는 것은 ^{(적절}
^{한 수준에서)} 멈추는 것만 못합니다.

揣而群之, 不可長保也.
췌 이 군 지　불 가 장 보 야

^(곡식을) 많이 저장해 두어도 오래
보존하지 못합니다.

金玉盈室, 莫之守也.
금 옥 영 실　막 지 수 야

금과 옥이 집에 가득해도 ^(이를 오래)
지킬 수가 없습니다.

貴富驕, 自遺咎也.
귀 부 교　자 유 구 야

부귀는 교만한 것이어서 스스로
재앙을 불러옵니다.

功遂身退, 天之道也.
공 수 신 퇴　천 지 도 야

^(그러므로) 공을 이루면 자신은 뒤로
물러나는 것이, 하늘의 도리입니다.

- 殖식: 쌓다[積]. *왕필본에는 '持지'
- 揣췌: 감추다. 품다. 저장하다[藏]. *원문은 '湍단'

• • •

행로난 行路乱

"자유구야 自遭咎也"는 재앙은 모두 스스로 뿌린 씨앗 때문에 초래된 것이므로, 남을 원망하지 말라는 뜻이다. 이를 '구유자취 咎由自取'라고 한다.

공을 이루면 스스로 물러난다는 "공수신퇴 功遂身退"는 마치 풀이 꽃을 피우고 열매를 맺은 다음에는 스스로 물러나 흙으로 돌아가듯 자연의 법칙이다. 공을 이룬 다음에 산속으로 들어가 은거하거나 멀리 사라지는 것만을 의미하지는 않는다. 아무리 큰 공로가 있어도 오만하지 않고, 공로에 상당하는 대가를 바라지 않으며 한 걸음 물러나 겸허하게 지낸다는 뜻이다.

사람들은 오복 五福을 바란다. 오복이란 수壽·부富·강녕康寧·유호덕攸好德·고종명考終命으로, 장수와 부귀와 건강을 누리고 덕을 베풀면서 살다가 마지막에 고통 없이 훌쩍 떠나는 것을 말한다. 오복 중에서 부귀는 깃털처럼 가볍기 때문에 성급하게 잡으려고 다가가면 더 멀리 날아가 버린다. 겨우 붙잡아 집안에 두면 도적이 재앙을 몰고 찾아오니 참으로 위험하다. 행복한 삶을 위해 필요한 수단이지만, 잡기도 어렵고 지키기도 어렵다. 아이 다루듯 부드럽게 다뤄야한다. 그래서 부귀는 교만한 것이라고 한다.

부귀는 깃털처럼 가벼우나 들 줄을 모르고

재앙은 땅처럼 무거운데 피할 줄을 모르네.

〈福輕乎羽, 莫之知載. 禍重乎地, 莫之知避〉

《장자》〈인간세〉

    탐욕에 눈이 먼 사람은 항상 재물을 더 많이 가지려는데 목숨을 걸고, 의기義氣가 강한 사람은 언제나 정의를 외치며 평생 남들과 잘 다투며 산다. 권세욕이 강한 사람은 권력을 잡으려고 온갖 권모술수를 부리고, 한 번 잡은 권력을 빼앗기지 않으려고 사투를 벌이다가 끝내는 치욕을 당한다. 권력을 잡으려고 많은 사람의 도움을 얻어 권좌에 오르게 되면, 그 다음에는 권좌에서 물러나고 싶어도 자기 뜻대로 물러나질 못한다.

    진秦나라 때 진시황을 도와 천하통일에 기여한 이사李斯는 "사물은 극에 달하면 반드시 쇠약해지기 마련인데, 내가 어디에서 멈출지 알 수가 없구나"라고 탄식을 하면서도, 계속 권좌를 지키려고 권모술수를 부리다가 마침내 삼족이 모두 멸족을 당했다. 그는 형장에서 아들을 보고 말했다. "일찍 물러나서 너와 함께 누런 개를 데리고 토끼몰이나 즐기려했는데 이제 도리가 없구나!" 그는 죽기 전에야 소박하게 사는 것이 얼마나 소중한 것인지를 깨달았지만, 이미 물러날 때를 놓쳐버린 것이다. 만사가 때를 놓치면 상응하는 화禍가 따르는 법이다.

    천하의 권력과 재물은 모두 사람이 함께 지녀야하는 공유물이다〈천하위공天下

爲公). 그리고 공을 이루었으면 조용히 물러나야 한다. 그런데 그 공의 대가를 챙기려 들고, 또 그걸 혼자 오래 차지하려고 욕심 부리다가 얼마나 많은 사람들이 화를 입었는가? 물러나야하는 때를 놓치지 말라. 때를 놓치면 물러나고 싶어도 물러나질 못하는 법이다.

「옛날부터 현명하다는 사람들을 보니
공 이루고 물러나지 않은 사람 모두 죽음을 당했더라.
살아생전 한 잔 술을 즐겨야지
어찌 죽은 후 천 년 뒤 이름을 남기려 하느냐?

〈吾觀自古賢達人, 功成不退皆殞身. 且樂生前一杯酒, 何須身後千載名?〉」

행로난行路難[3], 이백李白

제8장

절위기려絕僞棄慮

통행본 제19장

絕知棄辯, 民利百倍;
절 지 기 변　민 리 백 배

(통치자가) 모략과 괴변怪辯을 버리면,
민중은 백배나 더 좋아지고;

絕巧棄利, 盜賊无有;
절 교 기 리　도 적 무 유

기교技巧와 사리私利를 버리면 도적
이 사라지며;

絕僞棄慮, 民復孝慈.
절 위 기 려　민 복 효 자

위선僞善과 사사로운 생각을 버리
면, (저절로) 민중은 아기처럼 순박
한 본성으로 되돌아갑니다.

三言以爲辨不足,
삼 언 이 위 변 부 족

(위에서 말한) 세 마디 말을 (통치자가 지켜야 할)
준칙으로 삼기에는 불충분하므로

或命之有所屬:
혹 명 지 유 소 속

혹시 근본원칙을 정해서 (위 세 마디 말이
여기에) 소속을 두도록 하면 어떨까:

(근본원칙이란 다음 두 마디입니다)

視素保樸, 少私寡欲.
시 소 보 박　소 사 과 욕

"언제나 소박하라.
사욕私欲을 줄이라."

- 知지: 계략. 모략. 일반적으로 말하는 '지식'이라는 뜻이 아니다.
- 三言삼언: '知辯지변', '巧利교리', '僞慮위려'를 가리킨다. '知辯'은 출세를 위한 얄팍한 지식과 말이고, '僞慮'는 겉으로만 민중을 염려하는 체 하면서 속으로는 사리私利를 꾀하는 생각이나 걱정을 말한다.
- 少私寡欲소사과욕: 사적인 욕심을 줄이라는 뜻. 통치자에게 이민위천(以民爲天: 민중을 하늘처럼 섬김)을 강조하는 말이다. *'寡'와 제3장에 나오는 '須'는 죽간에 쓰인 글자 모양이 같다. 이 '須'를 여기에서 통행본과 같은 '寡과'자로 적었다. '須'를 착오의 글자로 본 것이다.

• • •

전통윤리를 부정하는 백서본과 통행본

노자에 관한 주석서들은, 전통적 윤리덕목으로 유가에서 중시하는 〈聖·智·仁·義·禮〉의 오행을 긍정하고 있느냐의 여부에 따라 구분된다.

긍정한 책 〈고원본古原本류〉	부정한 책 〈개작본改作本류〉
노담의 초간본《노자》 태사담의 5천자《노자》 한비자의《한비자》〈해로解老·유로喩老〉	백서본《노자》갑 백서본《노자》을 왕필본《도덕경》등 통행본

통행본 제5장에 나오는 〈天地不仁, 以萬物爲芻狗; 聖人不仁, 以百姓爲芻狗.〉는 〈天地는 仁을 스스로 과시(표현)하지 않으며, 만물을 풀 강아지를 보듯 차별 없이 대하고; 聖人도 仁을 과시하지 않으며, 백성을 풀 강아지를 보듯 차별 없이 대한다〉로 해석하면 전통윤리 개념에서 벗어나지 않는다. 그러나 다음과 같은 구절은 논리에 모순이 있으며, 이를 어떻게 설명할 방법이 없다.

원문 왕필본 기준	내용
1. 不上賢, 使民不爭. 〈제3장〉	현자賢者를 떠받들지 말아야, 백성이 다투지 않는다.
2. 大道廢, 有仁義; 慧智出, 有大僞; 六親不和, 有孝慈; 國家昏亂, 有忠臣. 〈18장〉	대도大道가 폐기되면, 인의仁義가 나타나고; 지혜가 출현하면, 위선이 나타나고; 육친이 불화하면, 효孝·자慈가 나타나며; 국가가 혼란하면, 충신이 나타난다.
3. 絶聖棄智, 民利百倍; 絶仁棄義, 民復孝慈. 〈제19장〉	성聖·지智를 버리면 백성의 이익은 백배가 되고; 인仁·의義를 버리면 효자孝慈가 회복된다.
4. 失道而后德; 失德而后仁; 失仁而后義; 失義而后禮. 〈제38장〉	道를 상실하면 다음에 德이 출현하고; 德을 상실하면 다음에 仁이 출현하고; 仁을 상실하면 다음에 義가 출현하며; 義를 상실하면 다음에 禮가 출현한다.

이와 같은 전통윤리이념에 반하는 내용 때문에 2천년 넘게 유가와 도가 사이에 갈등이 이어져 온 것이다. 여기에서 통행본 제19장을 초간본 내용과 비교해본다.

초간본 제8장	통행본 제19장·백서본
1. 絶知棄辯, 民利百倍	1. 絶聖棄智, 民利百倍
2. 絶僞棄慮, 民復孝慈	2. 絶仁棄義, 民復孝慈

초간본의 〈지知·변辯〉과 〈위僞·려慮〉의 글자가 백서본과 통행본에서는 〈성聖·지智〉와 〈인仁·의義〉로 바뀌었다. 누가 글자를 교묘히 바꾸어 유가의 덕목을 부정하는 내용으로 변질시켰을까? 이 역사적 개작(조작)사건의 실마

리를 찾아본다.

　태사담은 BC384년에서 BC374년 사이에 함곡관에서, '德'에 관한 내용을 대폭 보태서 5천자《노자》를 썼다. 지금은 전해지지 않지만, 이 책에는 반유가적 글은 없었을 것이다. BC240에 쓴 한비자의 글을 보면 알 수 있다. 《한비자》〈해로〉에는 유가 덕목을 칭송한 글만 나온다. 노장사상과 유가 및 법가 등의 여러 사상을 종합한 것이다. 이것이 군주를 위한 초기 황로학이다. 그렇기 때문에 사마천은 노자, 장자, 신불해 및 한비자를 모두 '황로학'이라는 하나의 공통 범주로 묶어《사기》〈노장신한열전〉을 쓴 것이다.〈참조: 부록2. 부록5.〉

　초간본이 초묘에 하장된 시기는 BC300년,《한비자》〈해로〉를 쓴 때는 BC240년, 백서본이 한묘에 하장된 때는 BC168년이다. 따라서 5천자《노자》에 나오는 친유가적 글을 반유가적 글로 바꾼 때는 BC240년에서 BC168년 사이일 것이다. 이 시기에 등장하는 가장 유력한 용의자는 이사李斯다. 이사는 「유가에서 강조하는 선왕의 도인 '성聖'을 버리고, 군신관계와 부자관계에서 인의仁義를 배척할 것을 주장하고, 신상필벌의 법치주의를 강조하였다. 유가들은 인의를 내세우며 글로써 법질서를 어지럽히니 이들을 엄히 다스려야한다」고 반유가사상을 주창한 사람이다.

　《사기》〈진시황본기〉에 나오는 '시황34년[BC213]'조의 글을 보자. 시황이 천하를 통일한 다음 함양궁에서 주연을 베풀자 박사들이 축수祝壽하였다.

순우월淳于越이라는 박사가 앞으로 나와 "… 일을 처리하는데 있어서 옛 사람의 전례[이넘]를 모범으로 삼지 않고서도 오래 나라를 바르게 다스렸다는 말을 들어본 적이 없습니다. …"라고 아뢰자, 승상 이사가 나와 순우월의 말을 강렬히 비판한다.

"… 하夏·은殷·주周 삼대도 서로 답습하지 않고 각기 독자적인 방법으로 천하를 다스렸습니다. 이는 서로의 정책을 싫어해서라기보다 시대가 달라졌기 때문입니다. 이는 어리석은 유생들이 이해할 수 없는 일입니다. … 지금은 천하가 이미 통일되어 안정을 되찾았으며 모든 법령이 통일되어 백성들은 집안에서 생업에 열심히 종사하고 있으며, 사인士人들은 법령과 금법을 배우고 있습니다. 지금 유생들은 새로운 시대의 것을 익히지 아니하고 옛것을 들먹이며 현실을 비난하고 허튼소리를 함부로 지껄이며 진실을 왜곡하고 있습니다. … 신臣은 간청합니다. 진秦에 관한 기록이 아닌 것은 모두 불태워버리고, … 옛 일을 들먹이며 현실을 비난하는 자는 그 일가족을 모두 멸족시키시기 바랍니다. …"

이렇게 하여 BC212년에 분서갱유가 단행되었다. 이사는 승상으로서 위세를 부리며, 유생들을 숙청하고 그들이 지닌 책들을 소각했다. 이사의 언행으로 미루어보면 반유가적 내용을 삽입하여 조작한 장본인으로 이사를 지목할 수밖에 없다. 종합하면 「이사가 BC240년 이후 BC212년 사이에 유가를 탄압할 목적으로 5천자《노자》를 개작(조작)하여 작성한 것이 백서본(갑)」이라는 것이다.

이렇게 나온 백서본이나 왕필본 때문에 도가들은 유가를 배척하고 유가들은 도가를 배척하는 풍조가 만연해진 것이고, 그로부터 2천년이 지난 최근까지도 앙숙관계로 내려온 것이다. 노자와 공자의 사상은 같은 시대에 출현하여, 동양철학사에 뻗어있는 두 산맥이다. 노자가 이상주의자요 자연주의자요 여성주의자라고 한다면, 공자는 현실주의자요 인간주의자요 남성주의자라고 할 수 있다. 공자는 노자가 펼친 우주생성론과 정치철학에 관한 담론을 듣고, 인간관계 속에서의 윤리관을 정립한 것이다. 이것이 오륜이라고 하는 예禮이다. 노자와 공자 사이에 이념적 갈등은 처음부터 아예 없었다. 이는 초간본의 출현으로 확인되었다.

그동안 통행본 제19장에서 왜 삼언三言을 버리라고 했는지에 관해, 학자들은 현란한 글과 말로써 독자들을 현혹시켜왔다. 초간본을 읽어보기 전까지는 자기가 주장하는 해설이 궤변인 줄을 스스로도 몰랐을 것이다.

제9장 | 백곡왕百谷王

통행본 제66장

江海所以爲百谷王,
강 해 소 이 위 백 곡 왕

강과 바다가 백곡(모든 골짜기 물)의 왕
이 되는 까닭은,

以其能爲百谷下,
이 기 능 위 백 곡 하

그가 백곡보다 낮은 곳에서 (그들을)
포용하기 때문이며,

是以能爲百谷王.
시 이 능 위 백 곡 왕

그래서 백곡의 왕이 될 수 있는
것입니다.

聖人之在民前也, 以身後之;
성 인 지 재 민 전 야   이 신 후 지

성인은 민중을 앞에서 이끄는
지위에 있지만, 태도가 겸손하고;

其在民上也, 以言下之.
기 재 민 상 야   이 언 하 지

민중보다 높은 지위에 있지만,
말씨도 공손합니다.

其在民上也, 民弗厚也;
기 재 민 상 야   민 불 후 야

(그래서 성인은) 민중의 위에 있어도,
민중은 힘들어 하지 않으며;

其在民前也, 民弗害也.
기 재 민 전 야　민 불 해 야

민중의 앞에 있어도, 민중은 방해
된다고 여기지 않습니다.

天下樂進而弗厭.
천 하 락 진 이 불 염

천하 모두가 그를 즐거이 받들고,
싫어하지 않습니다.

以其不爭也,
이 기 부 쟁 야

그가 (민중과 명리를) 다투지 아니하므로

故天下莫能與之爭.
고 천 하 막 능 여 지 쟁

천하 모두가 그와 다툴 수가 없습
니다.

- 谷곡: 이 '谷'은 물이 흐르는 계곡이다. 초간의 글자를 보면, '谷'자 아래에 '川'자가 옆으로 누워 있다. 지금은 없어진 글자다.
- 以 ~爲~: ~을 ~으로 삼다(여기다).
- 弗불: 부정사로 '不'과 같다.

• • •

성인聖人

강과 바다가 수많은 계곡물의 왕이 되는 까닭은 자신을 낮은 곳에 위치하면서, 색깔이나 성분이 혼탁하든 특정한 곳에서 흘러왔든 차별 없이 모든 물을 포용하여 하나를 이루기 때문이다. 강물은 먼저 가려고 앞을 다투지도 않고 밤낮으로 더불어 흘러간다. 어느 강물이든 흘러가는 방향은 바다일 뿐이다. 바다는 수많은 갈등이 녹아들어 팽팽하게 균형을 이루고 있으며 배타적이거나 개별적인 것이 존재하지 않는 곳, 그래서 자유가 넘쳐나는 공동체인 것이다.

"돌이켜보면 강물의 치열함도 사실은 강물의 본성이 아니라고 생각됩니다. 험준한 계곡과 가파른 땅으로 인하여 그렇게 달려왔을 뿐입니다. 강물의 본성은 오히려 보다 낮은 곳을 지향하는 겸손과 평화인지도 모릅니다. 강물은 바다에 이르러 비로소 그 본성을 찾은 것이라 할 수 있습니다. 바다가 세상에서 가장 낮은 물이며 가장 평화로운 물이기 때문입니다.(…)평화는 평등과 조화이며 갇혀 있는 우리의 이성과 역량을 해방하여 겨레의 자존自尊을 지키고 진정한 삶의 가치를 깨닫게 함으로써 자기自己의 이유理由로 걸어갈 수 있게 하는 자유^{自由} 그 자체입니다."

<신영복,《나무야 나무야》156쪽>

성인은 가장 낮은 곳으로 향하는 강을 닮고, 가장 낮은 곳에서 모두를 포용하는 바다를 닮았다. 서로 다른 중생을 차별하지 않고 모두 포용하여 하나의 화음을 내게 하고[화이부동和而不同], 또 타자를 위한 순수한 마음으로 움직인다. 천지와 소통하면서 만물의 화육^{化育}에 참여하고, 민중을 교화하여 善의 경지에 오래 머무르게 한다. 역사상 여러 성인이 나타나 인간사회를 좀 더 밝은 세상으로 이끌어왔다.

성인은 지위가 비록 민중의 앞에 있고[在民前] 또 민중의 위에 있지만[在民上], 언제나 겸손하고[以身後之] 말씨도 공손하다[以言下之]. 성인은 자기보다 약한 사람을 대할 때도 언제나 대하는 사람의 입장에서 듣고 이해하며 말한다.

그런데 이 글이 백서본과 통행본에는 "欲上民, 欲先民"으로 나온다. '(속으로는) 민중의 위에 있고 싶지만 (겉으로는) 말씨를 낮춰야하고, (속으로는) 민중 앞에 서고 싶지만 (겉으로는) 몸을 뒤에 두어야한다'는 뜻이다. 마치 자기보다 강한 사람에게 겸손한 척보여 출세하려는 모습을 연상케 한다. 속이 시커먼 사람이다. 출세를 위해 술수를 쓰는 사람은 이미 성인이 아니다. '欲'자가 잘못 들어간 것이다.

초간본	백서본	통행본
聖人之在民前也, 以身後之; 其在民上也, 以言下之.	是以聖人之欲上民也, 必以其言下之; 其欲先民也, 以其身後之.	是以聖人欲上民, 必以言下之; 欲先民, 必以身後之.
성인은 민중을 앞에서 이끄는 지위에 있지만, 태도가 겸손하고; 민중보다 높은 지위에 있지만, 말씨도 공손하다.	그러므로 성인은 민중의 위에 있고자하면, 반드시 말을 낮추어야하고; 민중의 앞에 서고자하면, 반드시 몸을 뒤에 두어야한다.	그러므로 성인은 민중의 위에 있고자하면, 반드시 말을 낮추어야하고; 민중의 앞에 서고자하면, 반드시 몸을 뒤에 두어야 한다.

성인은 당연히 솔직해야한다. 마음속으로 흑심을 품고 위로 올라가는 수단으로 몸을 뒤에 두고, 말씨를 낮추는 모습을 보이는 것은 기만이다. 이런 모습을 보이는 사람은 권모술수가일 뿐이다. 그런데《논어》〈옹야雍也〉에도 "仁한 사람은 자기도 서고 싶지만 남부터 서게 해주고, 자기의 뜻을 이루고 싶지만 남부터 뜻을 이루게 해준다.〈夫仁者, 己欲立而立人, 己欲達而達人.〉"라는 통행본과 비슷한 글이 있다. 이는 공자가 제자 자공子貢에게 한 말이다.

《순언醇言》은 율곡 이이(李珥 1536~1584)가 편집한 노자 책이다. 이이는 동사정董思靖이 주해한《도덕진경집해道德眞經集解》를 보고, 그 중에서 반유가적으로 보이는 5개장의 내용[제5장의 "天地不仁", 제18장의 "大道廢, 有仁義", 제19장의 "絶仁棄義", 제20장의 "絶學無憂", 제38장의 "失道而後德"]을 제외한 후 40개장으로 간결하게 재편집한 책이다.

홍계희가 충남의 논산부근을 지나다가 우연히 이 책의 필사본을 발견하고 수집하여 이를 활자로 몇 권을 간행해 두었는데, 이것이 지금 전해 내려오고 있다. 《순언》 제17장에 "是以聖人以言下之以身後之"라는 구절이 있는데, 《도덕진경집해》 제66장에 나오는 "欲上人"과 "欲先人"을 빼버렸다. '欲' 자가 눈에 거슬렸기 때문이리라. 이이의 탁견을 엿볼 수 있다.

제10장 | 지족지위족 知足之爲足

통행본 제46장후반부

罪莫厚乎甚欲,
죄 막 후 호 심 욕

죄^罪는 심한 욕심 때문에 생기는
것보다 무거운 것은 없고,

咎莫憯乎欲得,
구 막 참 호 욕 득

구(^{쓸재앙})은 더 가지려는 욕심 때문
에 생기는 것보다 비참한 것은 없
으며,

禍莫大乎不知足.
화 막 대 호 부 지 족

화(^{禍우환})는 만족을 모르기 때문에
생기는 것보다 더 큰 것은 없습니다.

知足之爲足, 此恒足矣.
지 족 지 위 족   차 항 족 의

만족함을 아는 것이 곧 만족이라는
것이며, 그것이 바로 ^(죄·구·화가 없는)
진정한 만족이라는 것입니다.

- 厚후: '重중'과 같은 뜻.
- ~莫~乎~: ~보다 ~한 것은 없다. 동사 뒤에서 '비교'를 나타낸다. '于'와 같다.
- 憯참: 참혹하다. 비참하다.

• • •

섭 생攝生

'罪'자가 죽간에는 '辛신'자 위에 '自자'자가 있는 모양이다. '皇황'자와 비슷한 모양이라고 하여, 진시황이 '罪'자로 바꾸었다고 한다. 〈罪죄 → 咎구 → 禍화〉에 상응되게 〈甚欲심욕 → 欲得욕득 → 不知足부지족〉을 차례로 쓴 것으로 보아, 나에게 닥친 불행의 정도에 따라 심한 것에서부터 가벼운 것의 순으로 쓴 듯하다. 그 정도가 가장 심한 것을 〈罪·甚欲〉, 중간 정도를 〈咎·欲得〉, 가장 약한 것을 〈禍·不知足〉이라 한 것이다. '甚欲심욕'은 욕심이 아주 심한 것이고, '欲得욕득'은 자기의 분수에 넘치는 정도가 약한 욕심이며, '不知足부지족'은 '欲得'보다 낮은 수준의 욕심을 뜻하는 말이다. '甚欲'을 '淫欲음욕' 또는 '貪欲탐욕'으로 보는 견해가 있다.

이 장은 백서본과는 가까우나 왕필본과는 상당히 다르다. 초간본의 첫 구절 "罪莫厚乎甚欲"가 백서본에는 "罪莫大於乎可欲"으로 되어있고, 왕필본에는 빠져있다.

초간본 제10장	백서본	왕필본 제46장
罪 → 甚欲 咎 → 欲得 禍 → 不知足	罪 → 可欲 禍 → 不知足 咎 → 欲得	- 禍 → 不知足 咎 → 欲得

불행은 욕심 때문에 생긴다. 욕심이 심하면 심할수록 불행의 정도도 커지기 마련이다. 역으로 욕심을 줄이면 줄일수록 불행의 정도도 작아지고, 매사에 만족함을 알면 마침내 위태로움이 사라지게 된다는 말이다.

사람들은 호랑이 발톱의 무서움을 알면서도, 모든 사물에 들어있는 발톱의 무서움은 잘 모른다. 욕심의 발톱, 물과 불의 발톱, 음식 속에 들어있는 독성의 발톱, 질병의 발톱, 법망의 발톱 등등 수많은 발톱의 위험으로부터 벗어나질 못한다. 발톱에서 멀리 벗어나 '무사지(无死地죽음의 자리가 없음)'에서 살아가는 것을 섭생攝生이라 한다.

그러나 현실에서는 욕심을 줄이고 무사지로 들어가 섭생하기란 불가능한 일이다. 이 세상 이 땅에 존재하고 있다는 그 자체의 이유만으로도 불행을 온전하게 피할 수 없기 때문이다. 신영복은 여름철의 감옥이야기를 들려준다.

"모로 누워 칼잠을 자야하는 좁은 잠자리는 옆 사람을 단지 37℃의 열덩어리로만 느끼게 합니다. 이것은 옆 사람의 체온으로 추위를 이겨나가는 겨울철의 원시적 우정과는 극명한 대조를 이루는 형벌 중의 형벌입니다. 자기의 가장 가까이에 있는 사람을 미워한다는 사실, 자기의 가장 가까이에 있는 사람으로부터 미움 받는다는 사실은 매우 불행한 일입니다. 더욱이 그 미움의 원인이 자신의 고의적인 소행에서 연유된 것이 아니고 자신의 존재 그 자체 때문이라는 사실은 그 불행을 매우 절망적인 것으로 만듭니다."

《감옥으로부터의 사색》 329쪽

제11장 | 과이불강果而不強

통행본 제30장

以道佐人主者,
이 도 좌 인 주 자

도道로써 군주를 보좌하는 사람은,

不欲以兵强于天下.
불 욕 이 병 강 우 천 하

힘[무력]으로써 천하를 억압하려
들지 않습니다.

善者果而已, 不以取强.
선 자 과 이 이 불 이 취 강

훌륭한 사람은 목적달성을
추구할 뿐,
힘으로써 얻지 않습니다.

果而弗伐, 果而弗驕,
과 이 불 벌 과 이 불 교

성공해도 자랑하지 않으며,
성공해도 교만하지 않으며,

果而弗矜.
과 이 불 긍

성공해도 뽐내지 않습니다.

是謂果而不强, 其事好.
시 위 과 이 불 강 기 사 호

이를 일컬어 '과이불강果而不強'이라
하며, 그렇게 하는 것은 참으로
아름답습니다.

- 人主^{인주}: 주인. 군주. 통치자.
- 善者^{선자}: 군주를 잘 보좌하는 사람. 현인.
- 果^과: 성공. 결과. 목적달성.

• • •

화이부동^{和而不同}

"불욕^{不欲}"은 '~하려고 하지 않다'의 뜻이다. 통행본에는 모두 '欲'자가 빠져 있고, 중간에 "師之所處, 荊棘生焉. 大軍之後, 必有凶年.^(군사가 주둔하던 곳에는 가시나무가 자라나고, 큰 전쟁이 있은 후에는 반드시 흉년이 든다)"의 4구가 삽입되어있다. 이는 전국시대 한^漢나라를 배경으로 쓴 글이다. 이 장에서 말하려는 취지에 어울리지 않는다.

"果而不伐, 果而不驕, 果而不矜"의 세 마디를 합하여 한 마디로 줄이면 "果而不强"이다. "果而不强"은 〈목적달성을 추구하되, 힘^{무력}으로써 이루지 않는다〉는 뜻이다. "其事好"는 그렇게 하는 것이 좋다^[好]는 말이다. 통행본에는 '好'자 다음에 '還'자가 붙어있다.

강한 힘(hard power)으로써 상대를 제압하여 목적을 달성하면, 또 다른 힘에 의하여 달성된 목적은 파괴되기 마련이다. 힘으로 제압하고 나면, 악연이 생겨나고, 악순환의 끝없는 인과응보가 꼬리를 문다. 왜 상대를 힘으로써 제압하려드는가? 그것은 우리의 내면 깊숙한 곳에 종교·문화·복수심·우월감과시·욕심 등 불선^{不善}이 들어있기 때문이다. 먼저 자기 속에 있는 불선

과의 싸움에서 이기고, 그 다음에는 상대를 포용해야 한다. 통치자가 포용력을 지니면 싸우지 않고도 천하를 얻을 수 있다는 말이다.

《논어》〈자로〉에 "군자화이부동君子和而不同, 소인동이불화小人同而不和"라 했다. 이를 일반적으로는 〈군자는 화합하나 맹종[뇌동]하지 않으며, 소인은 맹종하나 화합하지 않는다.〉로 풀이한다. 그러나 신영복의 '화동和同 담론'은 특이하다. 和는 다양성을 존중하는 관용과 공존의 논리이고, 同은 지배와 흡수합병의 논리로 보았다. 그리고 '화이부동'을 〈군자는 다양성을 인정하고 지배하려고 하지 않으며, 소인은 지배하려고 하며 공존하지 못한다.〉로 해석하였다. 和와 同을 대비對比로 본 것이다.

어떠한 이유로든 전쟁을 통한 남북병합은 민족의 불행을 초래할 뿐이다. 남북통일을 위한 최선의 화두話頭는 화이부동和而不同이어야한다. 패권적 흡수합병이 아니라 평화공존의 통일이다. 이제라도 전시작전통제권을 가져와 주권을 회복하고 정전협정을 평화협정으로 바꿔야한다. 그리고 대화를 통하여 전쟁을 막고 한반도 평화통일을 앞당겨야한다. 그러기 위해서 남북 정상이 두 차례나 만나 공동선언을 하였고, 대화의 통로도 만들어 놓았다. 그때 만들어 놓은 길을 따라가는 것이 정도正道다. 남북은 무력경쟁을 멈추고 부드러운 힘soft power으로 공존하는 방법을 찾아야한다. '果而不强'이 '其事好'인 것이다.

제12장

불욕상영 不欲尙盈

통행본 제15장

長古之善爲士者,
장 고 지 선 위 사 자

아주 옛날 '도사道士'라고 불리는
훌륭한 사람은,

必微妙玄達, 深不可識.
필 미 묘 현 달 심 불 가 식

필시 현묘하고 사리를 통달하였
는데, (그의)심오함은 알 수가 없었
습니다.

是以爲之容:
시 이 위 지 용

그래서 (도사의) 행동하는 모습을
묘사해 봅니다.

豫乎[其]若冬涉川,
예 호 기 약 동 섭 천

겨울에 살얼음 냇물을 건너가듯
신중하고,

猶乎其若畏四隣,
유 호 기 약 외 사 린

사방의 적을 두려워 살펴보듯
조심하고,

嚴乎其若客, 渙乎其若釋,
엄 호 기 약 객 환 호 기 약 석

손님이 된 듯 엄숙하고, 얼음이
녹아내리듯 시원스레 풀어버리고,

敦乎其若樸, 混乎其若濁.
돈 호 기 약 박 혼 호 기 약 락

통나무처럼 돈후하고 소박하며, 탁류처럼 혼돈되어 하나를 이룹니다.

孰能濁以靜者將徐淸,
숙 능 락 이 정 자 장 서 청

누가 탁류를 안정^{安靜}시켜서, 서서히 맑게 할 수 있을까요?

孰能安以動者將徐生.
숙 능 안 이 동 자 장 서 생

누가 안정되어 있는 것을 움직여, 서서히 생동^{生動}하게 할 수 있을까요?

保此道者, 不欲尙盈.
보 차 도 자 불 욕 상 영

이러한 도를 지닌 사람^(도사)은 ^(사욕을 부려) 가득 채우려[自滿] 하지 않습니다.

- 士^사: 신선. 도사^{道士}. 도를 체득한 사람. *백서본_{을본}에는 '士'자가 '道'자로 나온다.
- 豫^예: 미리 꼼꼼하게 주위를 살펴보는 신중함. '猶^유'자도 비슷한 뜻이다.
- 客^객: 손님. 여기에서의 '客'은 귀한 사람의 집을 방문한 경우의 〈손님이 되다^[주객做客]〉의 뜻으로 본다.
- 尙^상: 통행본에는 모두 '尙'자가 탈락되어있다. 죽간 원문 글자는 '尙'자 아래에 '立'이 있는 모양인데 이를 연구원은 '尙'자로 판독했다. '常'자로 보기도 한다.

• • •

탁류^{濁流}

"환호기약석^{渙乎其若釋}"의 '渙'자가 죽간에는 [袁+止+見]의 합성글자다. 지금은 없어진 글자다. 이를 곽기는 〈높은 곳에 올라가 멀리 보다^[등고원망登高遠望]〉의 뜻으로 해석하고, 끝의 '釋^석'자를 '懌^역'자로 보았다. 왕필본에는 "渙兮若氷之將釋"으로 나온다. 이 장에서는 왕필의 해석을 인용하였다.

노자는 황하의 누런 흙탕물을 보면서 이 장을 썼으리라. 수많은 계곡으로부터 흘러들어온 물들이 뒤섞여 한 몸을 이루고 탁류가 된 것이다. 혼동의 강이다. 바다로 들어간 강물은 서서히 맑아진다. 그리고 대류를 통하여 내륙으로 되돌아간다. 이런 역동적 순환질서 속에서 생명체들이 생겨나고 살아간다.

"누가 탁류를 안정^{安靜}시켜서 서서히 맑게 할 수 있을까요? 누가 안정되어 있는 것을 움직여 서서히 생동^{生動}하게 할 수 있을까요? 〈孰能濁以靜者將徐淸, 孰能安以動者將徐生〉"

현대 독일의 철학자 하이데거는 이 두 구절을 한자로 써서 그의 서재 벽에 걸어놓고 수시로 보았다고 해서 유명해진 글귀다. 누가 이런 혼탁한 세상에 살면서도 이 혼탁함을 서서히 맑게 하고 또 안정되어 있는 환경 속에 살면서도 이에 안주하지 않고 여기에 활기를 불어넣어 다시 움직이게 하는가? 그것이 바로 道다. 어느 누구의 간섭이나 통제 없이 스스로 그렇게 하기 때문에 '무위자연无爲自然'이라 한다.

《노자》를, 하이데거는 독일어로 번역하였고, 톨스토이는 러시아어로 번역했다고 한다. 「1891년 러시아 상트 페테르부르크의 한 출판업자가 대문호 톨스토이에게 질문을 했답니다. "톨스토이 당신에게 가장 큰 영향을 키친 작가나 사상가는 누구입니까?" 톨스토이는 이렇게 대답했답니다. "중국의 공자와 맹자에게서 아주 큰 영향을 받았다. 하지만 노자에게 받은 영향은 실로 거대하다.」

〈야오간밍姚淦銘, 손성하번역, 노자강의, 40~44쪽〉

爲之者敗之,
위 지 자 패 지

억지로 하려고 하면 오히려
실패하는 것이고,

執之者遠之.
집 지 자 원 지

지키려고 하면 오히려 잃게 됩니다.

是以聖人无爲, 故无敗;
시 이 성 인 무 위　　고 무 패

성인은 무위无爲하기 때문에
실패가 없으며,

无執, 故无失.
무 집　　고 무 실

지키려 하지 아니하므로,
잃는 것도 없습니다.

臨事之紀, 慎終如始,
임 사 지 기　　신 종 여 시

일을 처리하는 원칙은, 처음처럼
신중히 끝을 맺어야 한다는 것이며,

此无敗事矣.
차 무 패 사 의

이렇게 하면 실패하는 일이
없습니다.

聖人欲不欲,
성 인 욕 불 욕

성인은 '불욕不欲의 욕심'을 부리며,

不貴難得之貨;
불 귀 난 득 지 화

(사람들이 소중히 여기는) 얻기 어려운
재물을 귀하게 여기지 않습니다.

教不教,
교 불 교

(성인은 사람들에게) 훈계하지 않고 가르
치므로,

復衆之所過.
복 중 지 소 과

잘못이 있는 사람들이 (스스로 깨닫고)
돌아옵니다.

是故聖人能輔萬物之自然,
시 고 성 인 능 보 만 물 지 자 연

而弗能爲.
이 불 능 위

그러므로 성인은 만물이 스스로
본성에 순응하려 함을 도와줄 뿐,
의도적으로 행하지 않습니다.

- 遠之 원지: 멀어지다. 잃다. *제34장에는 '失之'로 나온다.
- 紀 기: 원칙. 준칙. 실의 끝(마무리).
- 欲不欲 욕불욕: 욕심을 부리지 않겠다는 욕심.

• • •

무위 无爲

"임사지기臨事之紀"의 '紀'자를 '원칙'의 뜻으로 보아 〈일을 처리하는 원칙은〉으로 해석한다. 이를 '마무리'로 보면 〈일을 처리함에 있어서 마무리는〉라고 해석할 수도 있다. "신종여시愼終如始"는 〈처음처럼 끝까지 신중히 하다〉의 뜻이다.

'聖'은 사행(仁·義·禮·智)의 개별 품성이 해화되어 마음으로부터 울려나오게 하는 통섭의 기능이다. 이런 기능은 우주적 기운으로써 하늘이 특별한 사람에게만 부여하기 때문에 천도天道다. 이렇게 하여 나오는 화음을 옥음이라 하고, 옥음을 내는 사람을 성인이라 한다. '善'은 보통사람이 수신하여 오를 수 있는 최고의 경지이고, 德은 하늘의 도움이 있어야 진입할 수 있는 경지다. 옥음은 인간에게 영원히 들려오는 화음이다. 마음이 청정한 현인만이 옛날의 성인 목소리를 들을 수 있다.

"무위无爲"의 원문은 '亡爲무위'이다. '亡'자를 통행본에서는 '无'나 '無'자로 나온다. 이에 관한 설명을 김충열의 책 45쪽에서 옮겨 적는다.

「류상劉翔 교수의 설에 따르면, '无'자는 이미 갑골문에 나타나 있으니 그

사용 예가 얼마나 오래되었는가를 알 수 있지만, 조기에 '有無'의 의미로 사용될 때에는 주로 '亡'자가 쓰였지 '无'자가 쓰이지 않았다고 한다. 그러나 이에 대해 방박龐朴 교수는 진秦이전에는 아직 无자가 없었고, '유무'를 나타낼 때에는 '亡'자를 썼다고 한다. 그러던 것이 전국 말에 이르러 '亡'와 '无·無'가 구분되어 혼용하지 않게 되었다는 것이다. 이를 보면 초간본의 저술 연대는 적어도 전국시대 이전이었음이 분명하고, 그 뒤에 나온 통행본은 '无'와 '無'자가 쓰인 것으로 보아 그 출연 연대가 결코 전국 말이나 중기 이전은 아니다.」

우리나라 책에는 '無'자와 '无'자를 혼용하고 있어 혼란스럽다. 중국에서는 '无'자로 통일하였다. 이 책에서도 '无'자로 통일하여 쓴다.

1. '무无'의 세 가지 의미
첫째, '유(有 있음)'에 대응되는 개념의 无이다.
있었던 것이 나중에 없어졌거나, 장래에 있도록 예정되어 있는데 어떤 조건이 이뤄지지 않아 없는 상태인 无다.

둘째, 있다고 확신하고 있지만 볼 수도 없고 만질 수도 없는 无다.
예를 들어 道는 사람들이 인식할 수 없는데, 도가들은 있다고 확신하고 있는 无다. 유일신도 있다고 믿는 사람에게만 있는 无다.

셋째, '공무空無'라는 절대적 无다.

예를 들어 해가 서쪽에서 뜨는 일은 없다고 할 때의 '없음'은 절대적 无다. 원래부터 없기 때문에 없는 것이다.

2. 무위无爲의 개념

무위无爲의 개념을 세 가지로 해석한다.

첫째, 꾸미거나 인위적인 행위가 아닌 행위다.

无爲의 '爲'자를 '僞(위. 거짓)'자로 보고 해석한 것이다. 일반적으로 이 해석 방법에 의한다.

둘째, 无의 의미 중에서 두 번째 의미에 해당되는 뜻에 가까운 해석이다.

실제로 있다고 확신하지만 없는 듯이 보이는 无다. 이런 뜻으로 无爲를 해석하면 어떤 행위를 인위적으로 분명히 하고 있지만 일반 사람들은 무엇을 하고 있는지 모르는 행위, 소리 나지 않게 조용히 하는 행위, 즉 어떤 행위를 하고 있으나 없는 듯한[有而似无] 행위를 말한다. 인위적으로 하지만 자연의 순리에 따르는 행위는 사람들의 눈에 띄지 않아 없는 듯이 보인다.

셋째, 일부러 하지 않는 행위다.

얻으려고 하지 않는 행위, 의도적으로 하지 않는 행위 등 알묘조장揠苗助長하지 않는 행위이다. '알묘조장揠苗助長'이란 곡식의 싹을 뽑아 올려 성장을 돕는다는 뜻으로, 성공을 서두르다 도리어 해를 봄을 비유적으로 이르는 말이다. 《맹자》의 〈공손추公孫丑〉에 나오는 말이다.

3. 무위无爲의 주체·목적 및 방법

　무위를 행하는 주체는 통치자다. 훌륭하게 나라를 다스리고자 하는 통치자가 이런 원칙을 지켜야 한다는 말이지, 민중들에게 요구하거나 기대하는 행위가 아니다. 노자가 무위를 강조하고 있는 뜻에는 어리석고 잔혹한 통치자에 대한 비판의 메시지가 담겨 있다. 아울러 통치자는 물론 지도층에 있는 사람들이 이런 무위의 원칙을 지켜야지만 이상사회를 건설할 수 있음을 암시하고 있는 것이다.

　무위를 실현하는 목적은 이상사회의 건설에 있다. 그리고 무위를 실현하는 방법은 외적으로 부쟁(不爭 다투지 않음), 불선(不先 앞으로 다투어나가지 않음)해야 하며, 내적으로는 불유(不有 소유하지 않음), 불시(不恃 자랑하지 않음), 무욕(无欲 탐내지 않음)을 실천함으로 道를 지키고, 자연의 순리에 따라야 한다는 것이다[道法自然].

통행본 제37장

道恒无爲也.
도 항 무 위 야

도는 언제나 무위입니다.

侯王能守之, 而萬物將自化.
후 왕 능 수 지   이 만 물 장 자 화

후왕들이 이것(无爲)을 지킨다면,
만물은 스스로 본 모습으로 돌아
가는 변화를 합니다.

化而欲作,
화 이 욕 작

변화를 하고 있는 과정에서 만일
(有爲의) 일을 하고 싶은 욕망이 생겨나면,

將鎭之以无名之樸.
장 진 지 이 무 명 지 박

이름도 없는 '박(樸소박)'에 의하여
진정시켜야 합니다.

夫亦將知足.
부 역 장 지 족

(소박함에 의하여) 그저 스스로 만족함
을 알게 할뿐입니다.

知[足]以靜, 萬物將自定.
지 족 이 정 만 물 장 자 정

만족함을 앎으로써 정숙靜淑해지
고, 그리하여 만물은 본연의 자기
모습으로 돌아가 안정을 이룹니다.

- 侯王^{후왕}: 왕과 제후. 나라의 지도층 인사들.
- 樸^박: 소박. 도의 별명이다.

• • •

도교의 전래

"지족^{知足}"과 "만물장자정 ^{萬物將自定}"의 두 구를 비교해보자.

초간본	백서본	왕필본
知足	不欲	无欲
萬物將自定	天地將自正	天下將自定

초간본 '將自定'의 주어는 '萬物'이다. 백서본은 '天地'이고, 왕필본은 '天下'다. 그리고 끝의 '定'자가 백서본에는 '正'자로 나온다. '萬物將自化'와 '萬物將自定'은 왕후들, 즉 나라의 지도층 인사들이 无爲의 道를 지키면 그 효과로 나타나는 것은 민중을 포함한 천하 만물이 저절로 소박한 본연의 모습으로 돌아가는 변화를 하게 되고 그래서 안정을 이룬다는 말이다. '无爲'는 道의 특성이다. '將自'는 '본연의 자기 모습으로 돌아갈 것이다^{〈將歸于自我〉}'라는 뜻이다. 본연의 자기 모습은 곧 '자연^{自然}'이다.

나라의 지도층 인사들은 道를 지켜야하며, 그것이 자연의 섭리에 순응하는 길이다. 어떻게 하면 자연의 섭리에 따를 수 있을까? 무위^{无爲}의 방법으로 나라를 다스리면 되는 것이다. 일부러 일을 만들어내서 자연의 섭리를 어기는 작위作爲를 하지 않으면 만물은 저절로 자화자정自化自定하게 된다. 무언가 일을 꾸미고 만들어내고 싶은 생각이 일어나면, 지족知足으로써 욕망을 누르고 소박하게 살아가면 만물은 스스로 안정을 찾아가기 마련이라는 말이다. 이것이 자연의 섭리인 것이다.

*

『고구려 고국원왕[도읍지: 황성黃城]이 친히 군사를 거느리고 백제로 쳐들어오니, 백제 근초고왕은 태자(근구수왕)를 보내 맞아 싸우게 하였다. 반걸양 半乞壤에 이르러 고구려군을 대파하고 수곡성水谷城 서북쪽까지 진격했다.

이때 백제장수 막고해 莫古解가 태자에게 간하기를 "일찍이 도가의 말을 들어보면, 족함을 알면 굴욕을 당하지 않고, 멈출 줄을 알면 위태롭지 않다(知足不辱, 知止不殆)라고 하였으니, 이제 싸움에 이겨 얻음이 많거늘 어찌 더 많은 것을 바라겠습니까?"라고 하니 태자가 그 말이 옳다고 여겨 회군하였다.』

《삼국사기》〈고구려본기.고국원왕39년〉:〈백제본기.근초고왕24년〉 서기369년

백제에는 서기369년에 이미 노자의 책이 널리 읽혀졌음을 입증하는 기록이다. 기록에 따르면 중국으로부터 도교가 가장 먼저 전파된 나라는 백제다. 윤여동씨는 수곡성을 하북성 승덕承德시 부근 란하灤河 변으로, 백제의 도읍지 한성漢城은 지금의 하북성 청룡하 유역인 노룡盧龍일대로 비정하고 있다. 그때 고구려 도읍지는 황성黃城으로, 지금의 압록강 북안에 있는 길림

성 집안^{集安}이다.

고구려에는 5세기경부터 고분벽화에 여러 모습의 신선그림이 나타난다. 《삼국유사》에, "고구려 사람들이 다투어 오두미교^{五斗米教}를 신봉했다. 당나라 고조가 이를 듣고 천존상^{天尊像}을 보내주고, 도사를 보내《도덕경》을 강론케 하니 왕과 백성들이 와서 참관했다. 이때가 영류왕7년^(624년)이다"라는 기록이 있다.

고구려에 유행했던 도교는 고려에 전해진다. 도교의 사원인 복원궁^{福源宮}을 짓고, 도교식 제사인 제초^{醮醮}를 지냈으며, 〈노자〉책은 지식인의 교양서로 읽혀졌다. 조선시대에 들어와서는 초기부터 유교에 밀려났다. 개국공신인 정도전은 왕권을 강화하기위해 유교를 통치수단으로 삼았다. 도교의 제사 관리기관인 소격전^{昭格殿}을 소격서^{昭格署}로 격을 낮추었는데, 임진왜란이후에는 소격서를 비롯하여 모든 도교시설을 철거해버리고, 노자 책은 금서로 지정했다. 노자 책은 초야에 묻혀 지내는 지식인들이 몰래 보는 책이 된 것이다.

그런데 이능화^(李能和:1869~1943)는 조선이 도교를 철저히 배척한 이유를 다음과 같이 설명하였다.

「중국 유전^{儒典}에, "오직 천자만이 제천^{祭天}할 수 있다. 제후는 제산천^{祭山川}하고, 대부는 묘^廟에서 제조^{祭祖}하며, 서민은 잠자는 집에서만 제부^{祭父}할 수 있다"는 글이 있다. 하늘에 대하여 지내는 제사는 오로지 중국 천자만이

지낼 수 있으니, 제후에 불과한 조선은 감히 제천祭天할 수 없다는 말이다. 조선이 제천행사를 거행한다는 것은 천자를 모독하는 것이며 유교의 예禮에 어긋난다는 사대주의 노예근성 때문이라는 것이다.」

이런 사유로 제천행사를 주도했던 도교가 사라진다. 그리고 조선왕들은 유가의 예에 따라 종묘宗廟에 가서 제조祭祖행사를 지내고, 사직단社稷壇사직동에 가서 제산천祭山川행사를 거행하였다. 도교는 사라졌지만 그 흔적은 서울의 지명 속에 남아있다. 도교의 삼신〈태청太清·상청上清·옥청玉清〉을 모신 삼청전三清殿이 있던 곳은 "삼청동三清洞"이라는 이름으로, 삼청전의 제천행사 주관기관인 소격서昭格署가 있던 곳은 "소격동昭格洞"이라는 이름으로 남아있다.

제15장 | 유난지 猶難之

통행본 제63장 1절 및 3절

爲无爲, 事无事, 味无味.
위 무 위   사 무 사   미 무 미

聖人은 꾸밈이 없는 행위를 하고, 꾸밈이 없는 일을 하며, 꾸밈이 없는 맛을 봅니다.

大小之, 多易, 必多難.
대 소 지   다 이   필 다 난

큰일이든 작은 일이든 쉬운 일도 많지만, 어려운 일도 많기 마련입니다.

是以聖人猶難之, 故終无難.
시 이 성 인 유 난 지   고 종 무 난

성인은 그 일을[難 어려운 일] 어려운 일로 보기 때문에, 마침내는 어려운 일이 없습니다.

- 无爲무위, 无事무사, 无味무미 : 〈무작위无作爲, 무작사无作事, 무작미无作味〉로, 〈일부러 하는 행위, 일부러 하는 일, 일부러 낸 맛〉의 뜻이다.
- 大小대소 : 대사大事와 소사小事. 큰일과 작은 일. 어려운 일과 쉬운 일.
- 猶유 : ~ 때문에. *〈由. 由于〉와 같다.

• • •

노자의 장수 비방秘方

'猶難之'를 어떻게 해석해야할지 쉽지 않다. 여기의 '之'자는 대명사 '그것'이다. 그런데 '그것'을 앞 구의 전체인 '大小之多易必多難'을 가리키는 것으로 보느냐, 바로 앞의 '難'자만을 가리키는 것으로 보느냐에 따라 뜻이 완전히 달라진다.

1. '之'가 앞 구 전체를 가리키는 것으로 보는 경우:
〈큰일이든 작은 일이든 쉬운 일도 많고 어려운 일도 많은데, 성인은 이런 일들 모두를 어려운 일로 여기고 처리하니까 마침내 어려움을 겪지 않는다〉는 뜻이 된다.

쉬운 일도 항상 어려운 일인 것처럼 보고 호들갑을 떨며 처리하면 어려움을 미연에 막아 평안함을 이루게 된다는 말이다. 이게 어찌 성인이 일처리 하는 요령일까? 이야말로 자신을 속이는 위선이다. 위선을 부정하는 이 장의 취지에도 어긋난다.

2. '之'가 바로 앞의 '難'을 가리키는 대명사로 보는 경우:

이 경우의 '難之'는 '難難'이 된다. 이는 〈難을 難으로 여기다. 어려운 일을 어려운 일로 보다〉로 해석된다. 따라서 〈큰일이든 작은 일이든 쉬운 일도 많고 어려운 일도 많은데, 어려운 일은 어렵게 보고 처리하기 때문에 마침내 어려움을 겪지 않는다〉는 뜻이 된다. 얼마나 자연스러운가.

쉬운 일은 쉽게 보고 처리하고, 어려운 일은 어렵게 보고 처리한다는 말이다. 여기에는 어떤 일이 생겼을 때 초기에, 그것이 쉬운 일인지 어려운 일인지를 판별하는 능력이 있어야 한다는 점이다. 범인凡人이 초기에 나타난 현상을 보고 난이難易를 구별하기란 매우 어려운 일이다. 그래서 초기에 호미로 막으면 되는 일을 나중에 가래로도 막지 못하고 많은 시간과 돈을 허비하곤 하는 것이다.

그러나 성인은 하늘로부터 '聖'이라는 우주적 기운을 부여받은 초인이다. 초인은 사물을 꿰뚫어보는 통찰력이 있기 때문에 어떤 일이 생기면 바로 난이難易를 판별해서 적시에 호미로 막을 일은 호미로 막고, 가래로 막을 일은 가래로 막아서 일을 처리할 수 있는 능력을 지녔다. 성인이 어찌 범인처럼 쉬운 일을 어려운 일인 양 호들갑을 떨며 일을 처리한다는 말인가?

통행본 제63장 개작부분 중 앞 구절 "大小대소, 多少다소, 報怨以德보원이덕. … "을 보자. 이 글 해석이 분분하다.

〈큰 것을 작은 것으로 여기고, 많은 것을 적은 것으로 생각하고. 원한은 덕으로써 갚아라〉 또는 〈큰 것은 작은 것으로부터 생기고, 많은 것은 적은 것에서 생기며, 원한을 덕으로 갚아라〉 등등 다양한 해석이 있다.

또 '報怨以德보원이덕'은 공자가 한 말인데, 왜 여기에 들어있는지에 대해서도 그동안 학자들 논란이 많았다. 초간본 출토로 이런 의문들이 모두 풀렸다. 후대에 불필요한 글을 끼워 넣었기 때문에 생겨난 한 토막의 웃음거리일 뿐이다.

《논어》〈헌문편憲問篇 -34〉에는 이렇게 나온다.

或曰: "以德報怨, 何如?" 子曰: "何以報德? 以直報怨, 以德報德."	어떤 사람이 묻길: "덕으로써 원한을 갚으면 어떨까요?" 공자가 답하길: "어찌 덕으로 갚으려는가? 정직함으로써 원한을 갚는 것이고, 덕으로써는 덕을 갚는 것이야."

공자가 '정직으로써 원한을 갚는 것이다'라고 표현했지만 구체적으로 어떻게 하는 것이 그렇게 하는 것인지는 밝히고 있지 않다. 사실 보원이덕報怨以德은 성인이나 할 수 있는 일이지, 현실적으로 세상을 살아가는 보통사람들이 어찌 그렇게 행할 수 있겠는가? 만일 그런 행위를 善이라고 모든 사람에게 권장한다면 오히려 사회의 질서와 가치체계를 무너뜨릴 가능성이 매우 높다.

정직하게 갚는 방법은 원한을 맺히게 한 사람의 행위가 단순한 실수나 착각으로 인하여 생긴 일인지, 질적으로 용납할 수 없는 야만적 행위인지, 또는 내가 덕을 베풀면 받아들일 심성心性이 되어있는지 등등 상대방에 따라서 달라질 것이다. 그래서 공자가 구체적으로 답을 하지 못한 것이 오히려 현실에 입각한 균형 감각이 잡힌 답변이 아닐까라는 생각이 든다.

'지록위마指鹿爲馬'라는 말이 있다.

「진시황이 죽은 후 환관 조고는 권력을 잡고서 허수아비 왕 호해에게 사슴[鹿]을 바치면서 "말[馬]입니다"라고 말했다. 왕인 호해는 "왜 사슴을 가리키면서 말이라고 하는가?"라고 말하며 신하들에게 물어보았는데, 신하들이 조고의 편을 들면서 "말이 맞습니다."라고 말했다. 단지, 몇 명의 신하들만이 "말이 아니라 사슴입니다"라고 진실을 말했는데, 환관 조고는 나중에 진실을 말했던 그 신하들을 모두 죽여 버렸다」는 이야기다.

요즘은 사슴을 가리키면서 말이라고 우겨대는 비정상의 세상이다. 사슴과 말을 구별하지 못하는 어리석은 사람은 모르니까 말이라는 말을 믿고, 잘 아는 사람은 불이익을 당할까 두려워서 말을 하지 않거나 오히려 더 큰 소리로 말이라고 외친다.

그러나 정상적인 나라에서는 결코 거짓으로 조작되는 일이 생겨나지 않는다. 어떤 경우에도 과장하거나 축소하지 않고 사건의 진실을 바로 본다. 사슴을 보고 사슴이라 말하고, 말을 보고 말이라고 말하는 나라가 정상적인 나라인 것이다.

*

노자가 160여 살까지 살았다느니, 200여 살까지 살았다는 전설이 있다. 아무튼 아주 오래 장수한 것만은 분명하다. 그렇게 장수한 비방이 무얼까? 그는 공기 좋고 물 좋은 곳에서 마음 편히 살았을 것이다. 그리고 기록으로 전해진 대단한 비방은 음식飮食에 있다. 노자는 당대의 최고 철학자이면서 지위도 있었으니 그가 원하기만 하면 얼마든지 산해진미에 보약을 먹고 살 수도 있었을 것이다. 그렇지만 그의 밥상은 언제나 초라했다. '음飮'은 마시는 것이고, '식食'은 씹어 먹는 것이다. 마시는 것의 대표는 야채 국이고, 먹는 것의 대표는 밥이다. 노자는 아침엔 달랑 죽 한 그릇에 차 한 잔, 낮과 저녁엔 야채 국에 밥 한 그릇 정도를 먹고 살았을 것이라고 한다.

노자는 "성인은 배를 위하지 눈을 위하지 않는다〈聖人爲腹不爲目 통행본 12장〉"고 했다. 오미五味가 사람의 입맛을 버리게 하니 음식을 단백하게 먹어야 장수한다는 말이다. 오미란 〈시고, 쓰고, 맵고, 짜고, 단〉 다섯 가지 맛이다. 음식 맛을 내기위해 각종 양념을 가해서 눈으로 보아도 화려하고, 맛도 부드럽고 향기로운 음식에는 몸을 상하게 하는 요소가 들어있기 마련이다. 노자는 그렇게 차려진 화려한 음식이 아니라, 소박한 "무미无味"의 음식을 달게 먹으라고 했다. '미무미味无味'야말로 노자의 장수비방인 것이다.

중국 역사상 가장 장수한 제왕으로 청나라의 건륭황제를 꼽는다. 조선조

1780년^(정조 4)에 박지원은 건륭황제의 70세 생신을 축하하기 위한 사절단에 참가하여 중국을 다녀올 수 있었다. 그 해 음력 5월 말 한양을 출발해서, 만리장성 너머 열하^{熱河}까지 갔다가, 그해 10월 말에 귀국해서 쓴 여행기가 바로《열하일기》다. 여기에 건륭제의 음식이야기 나온다. 신선한 야채를 주로 먹고 '배부르기 전에 수저를 놓아라^{⟨미포선지未飽先止⟩}'는 말을 실천했다고 한다. 아주 소식한 것이다. 그래서인지 황제들의 평균 수명이 39세였는데, 그는 89세까지 살았다.

제16장 | 유무지상생 有无之相生

통행본 제2장

天下皆知美之爲美也, 惡已;
천 하 개 지 미 지 위 미 야   악 이

천하 사람들 모두 아름다운 것을 아름답다고만 알고 있지만, ^(아름다움 속에는) 추함이 포함되어 있습니다.

皆知善, 此其不善已.
개 지 선   차 기 불 선 이

모두 선^善한 것이라고 알고 있는 것도, ^(그 속에는) 불선^{不善}이 포함되어 있습니다.

有无之相生也, 難易之相成也,
유 무 지 상 생 야   난 이 지 상 성 야

유^有와 무^无는 서로를 생겨나게 하는 것이고, 어려움과 쉬움도 서로 의지하며 이뤄지고,

長短之相形也, 高下之相盈也,
장 단 지 상 형 야   고 하 지 상 영 야

긺과 짧음도 서로 비교되어 보이며, 높음과 낮음도 서로를 포용하고 있으며,

音聲之相和也, 先后之相隨也.
음 성 지 상 화 야   선 후 지 상 수 야

음과 소리도 서로 어울려서 나오며, 앞과 뒤도 서로 따르는 것입니다.

是以聖人居无爲之事,
시 이 성 인 거 무 위 지 사

그러므로 성인은 무위의 원칙을
지키면서 일하며,

行不言之敎.
행 불 언 지 교

말로 가르치지 아니하고 ^(德으로써)
가르침을 행합니다.

萬物作而弗始也,
만 물 작 이 불 시 야

만물은 그냥 활동할 뿐 ^{(결과를 예견하고}
^{준비하여)} 시작하지 아니하며,

爲而弗恃也, 成而弗居.
위 이 불 시 야   성 이 불 거

도움을 주고도 ^(대가를) 바라지
아니하며, 공적을 이루고도
그곳에 머무르지 않습니다.

夫唯弗居也, 是以弗去也.
부 유 불 거 야   시 이 불 거 야

오로지 머무르지 않기 때문에,
그의 공적은 사라지지 않습니다.

변증법 사상

　보통사람들은 자신이 지닌 분별지分別知에 따라서 나와 너, 좋고 싫음, 옳고 그름 따위를 분별하여 사물을 본다. 그래서 속된 지식을 많이 알면 알수록 분별심分別心때문에 기괴한 일들이 많이 생겨나고 혼란스러워진다(제21장: 人多知, 而奇物滋起). 그러나 성인은 美 속에 잠겨있는 추함도 함께 볼 수 있는 통찰력이 있다. 善과 不善, 有와 无, 어려움과 쉬움, 깊고 짧음, 높음과 낮음, 음과 소리 그리고 앞과 뒤 모든 것이 상대적 관념에서 이뤄진다. '위미爲美'를 '위미僞美'로 보아 '꾸며진 美'로 해석하면 다음에 이어지는 글과 흐름이 어울리지 않는다. 여기에서의 '爲'는 〈~이다〉의 동사다. 이장의 요지는 대립되는 것으로 보이는 두 개의 개념이 사실은 대립되어 있는 것이 아니라, 서로의 관계 속에 하나로 통하는 개념이라는 것이다.

　'요조숙녀窈窕淑女'란 성어가 있다. '요조窈窕'는 외적으로 아름다운 자태이고, '숙淑'은 내적으로 고운 성품을 뜻하니, 겉도 아름답고 마음씨도 고운 여성을 지칭하는 말이다. 그런데 겉으로 보이는 아름다움은 눈으로 보아 알수 있지만, 마음씨는 알아차리기가 쉽지 않다. 더욱이 요즘에는 성형을 하기 때문에 겉모습을 보아서도 자연 미인인지 인공 미인인지 구별할 수 없다. 숨어있는 추한 마음씨는 놔둔 채 겉만 뜯어고친 게 문제인 것이다. 요조숙녀의 美는 성형으로 이뤄질 수 없는 자연스러움에 있다. 장미꽃은 그 나름의 美가 있고 패랭이꽃은 또한 그 나름의 美가 있다. 요조숙녀의 美는 젊어서는 잘 나타나지 않는다. 중년이 되어야 국화처럼 수려한 美가 보이기 시작하고, 노년이 되어서야 겨울날의 매화처럼 그윽한 美를 풍기게 된다. 이는 오로지 마음 수양으로써만이 이뤄질 수 있는 美다. 아내가 지닌 그윽한 美는 노년까지 함께 살아봐야 발견되어지는 美인 것이다.

"유무지상생야有无之相生也"는 〈有와 无는 서로를 생겨나게 한다〉는 뜻이다. 천하 만물이 어떤 것은 有에서 생겨나오고, 어떤 것은 无에서 생겨 나오는데 이 有와 无는 선후관계에 있는 것이 아니라 태극의 음양 관계처럼 상보성의 병존관계이다.   〈제6장 참조〉

有는 색色이고 물物이며, 无는 공空이며 기氣로 볼 수 있다. 色이란 우리가 〈눈, 귀, 코, 입, 몸, 마음〉으로 느끼는 물질과 공간을 말한다. 이는 우주 전체와 분리될 수 없는 상호 의존관계에 있으므로, 홀로 고정된 현상이란 존재하지는 않지만, 그렇다고 실재가 없는 것은 아니다. 모든 현상들을 떠받치고 있는 실재는 모든 형태를 초월하고 있으므로 无이며, 이를 空[虛]이라 한다. 空은 모든 有들의 본질이며, 모든 생명의 원천이다. 이는 살아 있으며, 창조적 가능성을 지닌 空이다.

동양에서는 자연의 현상을 氣로써 설명한다. 양기와 음기가 율동적으로 만나 응축되면 가시적인 형체인 有[色]가 되고, 분산되면 형체가 사라진 无[空]가 된다. 色과 空은 본질적으로 동적動的관계다. 空이라고 하여 氣가 없어진 것이 아니라, 양기와 음기가 다른 차원의 모습으로 존재하는 것이다. 色

이 시간과 공간의 제약을 받는 3차원의 형상이라고 한다면, 空은 3차원 너머에 있는 초월적인 본성이라 하겠다.

"음성지상화야 音聲之相和也"는 〈음과 소리도 서로 어울려서 나온다〉의 뜻이다.

연주에서 각각의 연주자가 내는 개별적인 악기 소리를 '聲'이라 하고, 이들 소리가 모두 어울려 내는 화음을 '音'이라 했다. 자연계에서도 〈木金水火〉라는 4가지 분야의 연주자들이 '土'라는 지휘자의 통제에 따라 상생하면서 대자연의 오행이 연주된다고 볼 수 있다. 자연의 오행처럼, 인간사회에서도 〈仁義禮智〉라는 4가지 분야의 연주자들이 '聖'이라는 지휘자의 통제를 받아 인화人和를 위한 오행이 연주된다고 비유해볼 수도 있다. 이 4가지 분야의 연주자[품성]가 내는 소리를 '금성金聲'이라 하고, 이를 善이라 했다. 善이 인간의 마음속에 자리한 聖이라는 지휘자를 만나, 내는 울림을 '옥진玉振'이라 하고, 옥진이 밖으로 울려내는 화음을 '옥음玉音'이라 했다. 이 옥음을 德이라 부른 것이다.

제30장에 "대음지성大音祗聲"이라는 절묘한 구가 나온다. '大音'은 위에서 말한 옥음이고, '聲'은 金聲을 가리키는 말이다. 즉 '대음지성'이란 「'大音'은 사행의 네 가지 소리가 어울려 몸 밖으로 울려나오는 화음」이라는 뜻이다. 여러 가지의 소리가 어울려 아름다운 음으로 들리는 화음이 곧 德이라는 말이다.

말로써 진리를 전달하기란 어려운 일이다. 말이나 글자에 근거하지 않고, 사람의 마음을 곧바로 가리켜〈直指人心〉깨달음을 얻게 하는 것을 선禪이라 한다. 이는 긴 말을 하지 않고 공안公案이라고 하는 함축된 언어나 선 문답을 통하여 진리를 스스로 깨우치게 하는 직관적 기법이다.

기법에는 두 가지 방법이 있다. 하나는 치열한 정신집중을 통하여 공안에 몰입하다가 어느 정도의 개오開悟에 다다른 때에 장죽으로 내리치거나 고함을 질러 깨달음에 들도록 하는 충격법이다. 다른 하나는, 마치 "꽃망울이 피어나도록 어루만지는 봄날의 미풍처럼(like the spring breeze which caresses the flower helping it to bloom)", 정좌靜坐와 명상을 통하여 점진적으로 깨달음에 이르도록 하는 방법이다. 노자는 글을 쓰고 그림을 그리고 차를 마시는 일상생활 속에서 자연의 진리를 깨우치도록 불언不言의 가르침을 행한 것이다. 다음과 같은 선시禪詩가 있다. "고요히 앉아, 아무 일 하지 않아도, 봄은 오고, 풀잎은 저절로 자란다." 《THE TAO OF PHYSICS》. 125쪽.

이 장에서 노자의 변증법적 사상을 엿볼 수 있다. 〈상생相生·상성相成·상형相形·상영相盈·상화相和·상수相隨〉는, 서로 대립하고 있는 쌍방이 서로 의뢰하고 있다는 말이다. 그러기 때문에 만일 한쪽이 없어지면 다른 쪽도 존재하지 못하는 것이다. 그래서 이를 대립통일對立統一의 규율이라고 한다. 순환운동의 규율이든 대립통일의 규율이든 모두 번쩍 번쩍 빛나는 노자의 진귀한 변증법사상이다. 이는 6장에서 말한 실체로써의 본원도本原道가 아니라, 오로지 만물의 운행과정에서만 나타나는 변화발전의 규율이므로 차생도次

生道의 규율이다. 대립과 통일 그리고 생성으로 이어지는 우주관이다. 천하의 만사 만물이 이렇게 발생하고 발전한다. 모든 사물은 서로 의존하고 생멸하는 것이지, 홀로 존재하는 것은 아무것도 없다. 그리고 이러한 변화발전은 외부에서 어떤 힘이 작용하여 일어나는 것이 아니라 사물 자체에 내재하여 있는 속성에 의해서 자발적으로 일어난다는 점이다. 자발성이 자연이고 道의 특성이다. 이러한 관점에서 만물은 모두 같다는 만물제일萬物齊一 사상이 나오고, 제24장과 장자의 〈제물론齊物論〉으로 이어진다. 그래서 노자는 无爲와 不言을 강조하고 있는 것이다.

인간의 행위도 이런 자발성의 변화법칙, 즉 无爲의 원칙에 따라야 한다. 무위란 "자연의 속성에 어긋나는 일을 삼가한다(refraining from activity contrary to nature)"는 말이다. 《장자》에 이런 말이 나온다. "무위는 아무 일도 하지 않으면서 침묵을 지키는 일을 뜻하지는 않는다. 모든 것을 그것이 자연스럽게 하는 바대로 허용해주면 그 자연의 속성은 충족될 것이다." 이렇게 자연의 속성에서 벗어나는 일을 멀리하면 결국 "하지 못하는 일이 없게 된다[无爲而 无不爲]"는 것이다.

《THE TAO OF PHYSICS》, 117쪽.

자연과 인간사회에서 이런 현상들을 쉽게 찾아볼 수 있다.

선善과 불선不善, 미악美惡, 유무有无, 난이難易, 장단長短, 고하高下, 음성音聲, 선후先后, 주야晝夜, 대소大小, 다소多少, 원근遠近, 후박厚薄, 경중輕重, 한열寒熱, 습조濕燥, 정반正反, 이해利害, 강약强弱, 화복禍福, 생사生死, 영욕榮辱, 길흉吉凶,

시비是非, 진위眞僞, 귀천貴賤, 빈부貧富 등등, 상반상성相反相成하고 상호의존相互依存하는 관계는 보편적 현상이다. 노자는 대립에서 통일로 나아가는 발전 과정에 어떤 규율이 있음을 설명하고 있는 것이다. 그 규율이란 대립전화對立轉化의 질서이며, 순환운동의 질서다.

제17장 | 도항무명 道恒无名

통행본 제32장 전반부

道恒无名, 樸雖微,
도 항 무 명　박 수 미

도는 언제나 이름이 없으며, 소박하고 비록 미세한 것이지만,

天地弗敢臣.
천 지 불 감 신

천지도 감히 지배할 수 없습니다.

侯王如能守之, 萬物將自賓.
후 왕 여 능 수 지　만 물 장 자 빈

후왕들이 만일 그것을 지킬 수만 있다면, 만물[민중]이 즐거이 따를 것입니다.

- 微: 원문에는 '妻'로 나온다. 정리자가 '微'로 읽었다. 통행본은 '小'
- 賓: 복종하다. 따르다.

• • •

소박素樸

'道'가 무엇인지를 어떻게 설명할 수 있는 방법이 없으니까 올바른 이름 도 지을 수가 없다는 말이다. 도는 유일하고 만물을 변화시키는 본질이지 만, 천지 밖에 독립해서 고정된 모습으로 있는 것이 아니라 만물 속에 깃들 어 있으면서 만물을 변화시키는 자연이다.

도는 현대물리학에서 말하는 미립자나 유전자의 본체(DNA)처럼 미세한 특성이 있어 별명으로 '박(樸소박)'이라고도 부른다. 樸은 천지 만물을 구성하 는 근본이며 만물을 변화시키는 주인이다. 그러니 겉으로 나타나 있는 천지 가 감히 자신의 주인인 樸을 지배할 수 있겠는가. 거꾸로 樸이 천지 만물을 지배하고 있는 것이다. 만물은 이런 자연의 순리에 잘 따르고 있다. 그런데, 인간사회의 후왕들[위정자]은 오만해서 순리를 거스르는 유위有爲의 일을 벌 이고, 재앙을 스스로 초래한다.

후왕들이 이런 도의 이치를 깨닫고 소박하게 생활하면서 자연의 순리에 따라 나라를 다스린다면, 민중이 저절로 모여들고 나라가 화평해질 것이라 는 말이다.

제18장

지지불태知止不殆

통행본 제32장 후반부

天地相合也, 以雨甘露.
천 지 상 합 야   이 우 감 로

天地(음양)의 기운이 서로 어울려, 저절로 감로가 내립니다.

民, 莫之命而自均安.
민   막 지 명 이 자 균 안

(이처럼) 민중은, (누가) 그들에게 명령을 내리지 않아도 스스로 고르게 안정을 이룹니다.

始制有名.
시 제 유 명

처음에 제도(규범)를 만들어내면 이름이 생겨납니다.

名亦旣有, 夫亦將知止,
명 역 기 유   부 역 장 지 지

이미 생겨난 이름이 있다면, (빨리 그 제도의 폐단을 알아서) 마땅히 멈출(폐기할) 줄을 알아야하며,

知止所以不殆.
지 지 소 이 불 태

멈출 줄을 알면(그리고 멈추면), 위험을 면합니다.

譬道之在天下也,
비 도 지 재 천 하 야

道가 천하에 있음을 비유하면, 마치 작은 계곡물이 흘러들어가

猶小谷之與江海.
유 소 곡 지 여 강 해

강과 바다를 이루는 관계와도
같습니다.

일음일양─陰─陽

道는 산골짜기로부터 강이나 바다 또는 민중이 사는 곳곳에 이르기 까지 어느 한곳 존재하지 않는 데가 없다. 아무런 명령이 없어도 하늘의 양기와 땅의 음기가 어울려 저절로 바람이 불고 햇빛이 비치고 단비가 내려 중생이 활기를 얻어 스스로 안정을 이루며 살아간다. 이처럼 민중도 통치자들이 명령을 내리고 이름[제도·규범]을 만들어내지 않아도 스스로 안정을 이루며 살아갈 수 있다. 오히려 수없이 만들어낸 이름 때문에 안정이 깨지고 살기가 힘들어진다. 그러니까 이왕 만들어낸 이름이 있다면 빨리 폐기처분해야 통치자도 위험을 면하고, 민중도 편히 살 수 있는 것이다. 중생은 통치자들이 만들어낸 이름에 의지하여 살아가는 게 아니라, 자연의 섭리에 따라 살아가는 것이라는 말이다[道法自然].

"道가 天下에 있음을 비유하면, 마치 작은 계곡물이 흘러들어가 강과 바다를 이루는 관계와도 같습니다." 道가 天下 만물을 창생하고 형성한 다음에도 道는 天下 만물 가운데에 여전히 존재하고 있는 것은, 마치 계곡물이 흘러들어가 강과 바다를 이룬 다음에도 계곡물이 사라진 것이 아니라, 강과 바다의 속에 여전히 존재하고 있다는 것과 같다는 말이다. 다시 말해 '계곡물'을 '道'에 비유하고, '강과 바다'를 '天下'에 비유하여 설명하고 있는 것이다. 이러한 현상을 송명宋明의 이학가理學家들은 "이일분수理一分殊"에, 주희는 "월인만천月印万川"에 비유하여 설명하였다. 하늘에는 하나의 달이 떠있지만, 강호江湖에는 수

많은 달의 모습이 산재해 있는 것과 같다는 것이다. 이러한 사유방식은 이학가들이 처음 쓴 말이 아니라, 노자가 발명한 것이다. 이학가들이 노자의 '道'를 '理'나 '태극'으로 용어를 바꾸었을 뿐이다.

옛날 동양 사상가들은 천지를 하나의 생명체, 즉 생물로 보았다. 노자는 2장에서 "天(Heaven 양)과 地(Earth 음) 사이의 공간(expanse)은 텅 비어 있지만 마치 거대한 풀무처럼 호흡한다"고 했다. 우주는 음양의 氣를 마시고 뿜어내며 호흡을 반복하는 거대한 하나의 생물이라는 것이다. 만물은 우주라는 큰 생물체 안에 들어 있는 작은 생물들이다. 모든 생물은 생겨나고 사라지는 과정을 반복한다.

음양사상은 《역경》에서 《노자》를 거쳐 자사子思의 《천명》, 《오행》 및 《대학》으로 이어진다. 자사의 사상으로부터 맹자와 순자 등 다양한 유가 사상가들이 나온다. 공자는 노자사상을 계승하여 발전시킨 성인聖人이다. 그럼에도 그동안 유가들이 도가를 배척한 것은 잘못된 백서본과 통행본 때문에 생겨난 일이다.

노자는 「일음일양一陰一陽'의 순환 운동 속에서 천하 만물이 생겨나는데, 어떤 것은 有에서 태어나고, 어떤 것은 无에서 태어난다. 그리고 有와 无는 서로를 태어나게 한다」고 했다. 음과 양이 병존하고, 有와 无가 서로를 품고 서로를 생겨나게 한다는 말이다. 우주를, 음기와 양기를 호흡하며 살아있는 하나의 유기체로 본 것이다. 노자의 음양사상은 제35장(태일생수)에서 절정을 이룬다.

제19장 │ 천리지행千里之行

통행본 제64장 1~2절

其安也, 易持也;
기 안 야　이 지 야

형세가 안정되어 있는 때에, 장악하기가 쉽고;

其未兆也, 易謀也;
기 미 조 야　이 모 야

나쁜 일의 조짐이 보이기 전에는, 계책을 마련하기가 쉽고;

其脆也, 易判也;
기 취 야　이 판 야

무른 것은, 나누기가 쉽고;

其幾也, 易散也.
기 기 야　이 산 야

미세한 것은, 흩어버리기가 쉽습니다.

爲之于其无有也,
위 지 우 기 무 유 야

(어떤 문제가) 발생하기 전에 처리해야 하며,

治之于其未亂.
치 지 우 기 미 난

혼란이 생기기 전에 다스려야 합니다.

合 [抱之木, 生于毫] 末;
합　포 지 목　생 우 호　말

아름드리나무도, 아주 작은 싹이 트여 자라난 것이며;

九層之臺, 作[于藁土.
구 층 지 대 작 우 류 토

天里之行, 始于]足下.
천 리 지 행 시 우 족 하

9층의 누대도, 한 삼태기의 흙을
쌓아 올린 것입니다.

천리 길도, 한 걸음부터 시작합니다.

[　] 안의 15자는 탈락되어있어 보충한 글자다.

- 持^지: 장악하다. 관리하다.
- 幾^기: 기미. 낌새.
- 合抱之木^{합포지목}: 아름드리나무. '合抱'는 두 팔을 벌려 껴안는다는 뜻.
- 毫末^{호말}: 막 트고 있는 미세한 싹. 솜털의 끝과 같이 아주 미세한 것을 비유할 때 쓰는 말이다. 솜털처럼 길고 가는 털을 '호모^{豪毛}'라 한다.
- 九層^{구층}: 원문에는 '成'자다. 왕필본은 '層'자로 나온다.
- 虆^류: 삼태기. 광주리.
- 千里之行^{천리지행}: 이 구의 앞뒤 9자가 탈락되어있다. 백서본에는 "百仞之高^(백인지고: 매우 높은 곳)"로 나오고, 왕필본에는 "千里之行"으로 나온다. "百仞之高"로 보충하면, 불필요하게 앞 구 "九層之臺"와 뜻이 중복되어, 왕필본에 따라 "千里之行"으로 보충한 것이다.

• • •

상아 젓가락

무슨 일이든 발생하는 초기가 있고, 변화하는 과정의 중간이 있고, 마무리하는 끝이 있는 법이다. 나쁜 쪽으로 변화하려는 기미를 초기에 찾아내 그 싹을 잘라내야 일 처리가 쉽다는 말이다. 그러나 이런 안목을 지니기란 참으로 어려운 일이다. 보통 사람은 백보 밖을 보면서도 가장 가까이 있는 자신의 눈썹을 보지 못한다. 자신을 아는 것을 '明'이라 한다^{〈自知者, 明也. 도덕경 제33장〉}.

다음 글은 옛날 폭군 주왕^(紂王은나라 마지막 왕)이 상아로 젓가락을 만들자 기자^{箕子}가 나라의 앞날을 걱정하는 내용이다. 기자는 상아 젓가락을 보고서 천하의 화근을 미리 알았던 것이다. 이렇게 가까이 나타난 작은 낌새를 보고 미래를 내다보는 것 또한 '明'이라 한다. 주왕이 상아 젓가락을 만들게 한 것을 보고 기자는 생각했다.

「상아 젓가락을 쓰게 되면 흙으로 빚은 질그릇을 사용하지 않고 무소의 뿔이나 옥으로 만든 잔과 그릇을 쓰려 할 것이다. 그토록 귀한 그릇과 상아 젓가락을 사용하게 되면 검소한 음식이나 채소는 먹지 않고 들소 고기나 표범의 태반 같은 진귀한 것들도 그의 욕망을 채워주지 못할 것이다.」성인은 미세한 기미를 보고도 그것이 앞으로 드러낼 모습을 미리 알며 일의 시작을 보고 미래의 결과를 예측한다. 그런 까닭에 기자는 상아 젓가락을 보고도 나라의 장래를 걱정했던 것이다.

《사기》〈송미자세가宋微子世家〉

천리 길 먼 여행

"공부는 우리를 가두고 있는 완고한 인식의 틀을 망치로 깨뜨리는 것에서 시작됩니다. 머리에서 가슴으로 가는 여행이 공부의 시작입니다. … 공부는 머리에서 가슴으로 가는 애정과 공감입니다. 우리에게는 또 하나의 가장 먼 여행이 남아있습니다. '가슴에서 발'까지의 여행입니다. 발은 우리가 발딛고 있는 삶의 현장을 뜻합니다. 애정과 공감을 우리의 삶속에서 실현하는 것입니다. 공부는 세계인식과 인간에 대한 성찰로 끝나는 것이 아닙니다. 삶이 공부이고 공부가 삶이라고 하는 까닭은 그것이 실천이고 변화이기 때문입니다. 공부는 세계를 변화시키고 자기를 변하시키는 것입니다. 공부는 '머리'가 아니라 '가슴'으로 하는 것이며, '가슴에서 끝나는 여행'이 아니라 '가슴에서 발까지의 여행'입니다."

신영복, 《담론》, 20쪽

知之者弗言,
지 지 자 불 언

그것[道]을 아는 사람은 (道를) 말하
지 않으며,

言之者弗知.
언 지 자 불 지

그것[道]을 말하는 사람은 (道를) 알지
못합니다.

閉其兌, 塞其門,
폐 기 태   색 기 문

입을 다물고, 문[눈,귀]을 닫고, (마음에
서 우러나오는) 빛을 조화롭게 하고,

和其光, 同其塵,
화 기 광   동 기 진

속세와 함께하며,

銼其銳, 解其紛,
좌 기 예   해 기 분

(마음속) 칼끝을 꺾고, 갈등을 삭혀서,

是謂玄同.
시 위 현 동

이뤄진 상태를 '현동玄同'이라 합니다.

(현동 상태에 있는 道人에 대하여 사람들은)

故不可得而親,
고 불 가 득 이 친

친근해질 수도 없으나,

亦不可得而疏;
역 불 가 득 이 소

그렇다고 소원할 수도 없으며;

不可得而利,
불 가 득 이 이

이롭게 해줄 수도 없으나,

亦不可得而害;
역 불 가 득 이 해

그렇다고 해롭게 할 수도 없으며;

不可得而貴,
불 가 득 이 귀

존귀하게 해줄 수도 없으나,

亦不可得而賤.
역 불 가 득 이 천

그렇다고 비천하게 할 수도 없습
니다.

故爲天下貴.
고 위 천 하 귀

그런 까닭에 천하 사람들이 (道를)
존귀하게 여깁니다.

- 兌^태: '穴^혈'로 읽는다. 이목구비^{耳目口鼻}를 뜻한다. 몸의 구멍은 신명^{神明} 혼의 통로인데, 보통사람에게는 속된 지식의 통로가 된다. 속된 통로는 막아야 한다.
- 塵^진: 티끌. 속세.
- 銼^좌: 꺾다. 왕필본에는 '좌^挫'자로 나온다.
- 紛^분: 분쟁. 갈등.

• • •

현동^{玄同}

"知者不言, 言者不知"는 《도덕경》에서 가장 잘 알려진 말이다. 그런데 이 구절이 왜곡되어 있어 많은 사람들이 그 뜻을 잘못이해하고 있다. 초간본을 보면 해석이 분명해진다.

초간본 제20장	백서본	왕필본 제56장
知之者弗言, 言之者弗知	知者弗言, 言者弗知	知者不言, 言者不知
도를 아는 사람은 말하지 않고, 도를 말하는 사람은 알지 못한다.	아는 사람은 말하지 않고, 말하는 사람은 알지 못한다.	아는 사람은 말하지 않고, 말하는 사람은 알지 못한다.

초간본에 들어있는 '之'자가 중요하다. '之'는 '知'와 '言'의 목적어인 道를 가리키는 대명사다. 道는 참으로 어려운 개념이기 때문에 道가 무엇인지를 말로써 보통사람이 이해할 수 있도록 설명하기란 쉬운 일이 아니다. 설명을 한다 해도 상대가 알아듣지 못하거나 곡해할 수 있기 때문에, 차라리 말하지 않고 입을 다물고 있는 것이 오히려 낫다는 뜻이다.

그러나 백서본과 통행본에는 '知'와 '言'의 대상이 무엇인지 불명하다. 일반적으로 '아는 자', '말하는 자'로 해석하고 있기 때문에 본뜻을 곡해하기 쉽다. 사람들은 "지혜로운 사람은 알면서도 말하지 않고, 말하는 사람은 무얼 모르는 사람"정도로 잘못 이해하고 있는 것이다.

　　알고 있음에도 모르는 척하고 침묵을 지키는 사람이나, 모르는 것을 아는 체하고 자기 과시하는 사람이나 둘 다 자신을 속이는 위선자다. 이런 사람들을 가까이 하면 낭패 보기 십상이다. 아는 것은 안다고 말하고 모르는 것은 모른다고 말하는 사람이 진실한 사람이다. 《한비자》1편에 "不知而言, 不智; 知而不言,不忠."이라는 글이 나온다. '모르면서 안다고 말하는 것은 지혜롭지 못하고, 알면서도 말하지 않는 것은 불충不忠'이라고 했다. '知而不言'하는 사람은 함께 일할 수 없는 사람이다.

　　"말해서는 안 될 말을 하는 자는 말로써 자리를 낚으려는 자요, 말해야 할 것을 말하지 않는 자는 침묵으로 자리를 낚으려는 자들인데, 이따위는 남의 집 옷이나 그릇을 훔치는 좀도둑 부류다!" 이는 맹자가 한 말이다.

　　백서본과 통행본에는 모두 〈색기태塞其兌 폐기문閉其門〉으로 나온다. 도를 닦기 위해 정좌靜坐하고 있는 도인道人의 모습이 연상되는 말이다. 입, 눈, 귀 등의 문을 왜 닫고 있을까? 속세와 단절하고 조용히 살려는 의도라고 보면, 뒤에 나오는 '동기진同其塵'과 모순이 된다. '폐閉'자를 '태兌'와, '색塞'자를 '문門'과 연계시킨 데에는 오묘한 뜻이 담겨있기 때문이다. '문을 닫는다'라는 뜻이었다면 '폐기문閉其門'으로 썼을 것이다. 참으로 道를 터득한 성인은 道에 관해서 가볍게 설명하지 못하여 입을 다물고[塞其門], 말을 하지 않을 것이다[弗言]. 설명을 해도 알아듣지 못해 뜻을 오해하기 때문이다. 눈을 감는다는 '폐기태閉其兌'는 속세 사람들과 함께 살기 때문에 보이는 것이 너무 많지만, 성인은 아무것이나 보지 않는다는 뜻이다.

'화광동진和光同塵'이란 〈득도한 사람이 언제나 한결같이 그윽하게 미소 지으며 포근한 표정으로 속세 사람을 불언지교不言之敎하는 모습〉을 가리킨다. 불교에서는 이를 '불보살이 중생을 깨우치기 위하여 속인들 사이에 태어나 중생과 인연을 맺어 중생을 불법으로 인도한다'는 뜻으로 해석하고 있다.

"해기분解其紛"은 〈마음속에 얼어있는 미움, 질투, 복수, 한 등의 응어리를 관용으로 시원스레 녹여낸다〉는 뜻이다. 정의의 신인 아수라가 정의를 실천하겠다는 끝없이 불타는 집착 때문에 악마의 신으로 전락되어 18층 지옥 '아수라장'으로 떨어지고 만다는 인도 신화에 나오는 이야기가 있다. 이 이야기는 정의보다 관용이 더 숭고한 이념이라는 가르침을 비유하는 말이다.

"현동玄同"은 〈도와 하나가 되어 있는 상태〉를 뜻한다. 도를 터득한 도인이 속세를 멀리 벗어나 있는 것이 아니라, 속세에 머물며 속인들과 함께 생활하면서도 속세에 물들지 않고 의연함을 지키는 모습이다. 이장에서는 진정으로 도를 이해하여 현동玄同의 상태에 이른 사람이 천하에서 가장 존귀한 까닭을 설명하고 있다.

제21장

이정치방以正治邦

통행본 제57장

以正治邦, 以寄用兵,
이 정 치 방   이 기 용 병

(성인인 통치자는) 정도正道로써 나라를 다스리고, 기묘한 방법으로써 병력을 부리며,

以无事取天下.
이 무 사 취 천 하

(전쟁과 같은) 일부러 벌이는 일 없이 천하를 얻습니다.

吾何以知其然也?
오 하 이 지 기 연 야

내가 어떻게 이런 걸 알겠습니까?

夫天下多忌諱,
부 천 하 다 기 휘

세상에 금하고 가리는 것이 많을수록,

而民彌叛;
이 민 미 반

민중은 더욱 쉽게 반란을 일으키고;

民多利器, 而邦滋昏;
민 다 이 기   이 방 자 혼

민중이 예리한 기구를 많이 가질수록, 나라는 더욱 쉽게 혼란에 빠지며;

人多知, 而寄物滋起;
인 다 지   이 기 물 자 기

사람들이 (속된) 지식이 많을수록, 기괴한 일이 더욱 많이 생기며;

法物滋彰, 盜賊多有.
법 물 자 창　도 적 다 유

법령[진귀한 물건]이 늘어날수록,
도적도 많아집니다.

是以聖人之言曰:
시 이 성 인 지 언 왈

그러므로 성인이 이렇게 말씀하
셨습니다.

我无事而民自富,
아 무 사 이 민 자 부

"내가 일을 만들어내지 아니하면
민중은 저절로 부유해지고,

我无爲而民自化,
아 무 위 이 민 자 화

내가 무위를 지키면 민중은 저절로
순화되며,

我好靜而民自正,
아 호 정 이 민 자 정

내가 묵묵히 있으면 민중은 저절로
단정해지며,

我欲不欲而民自樸.
아 욕 불 욕 이 민 자 박

내가 욕심을 내지 아니하면 민중
은 저절로 순박해지지요."

- 正治^{정치}: 〈无事^{무사}·无爲^{무위}·好靜^{호정}·无欲^{무욕}〉의 통치를 뜻한다.
- 邦^방: 나라. *제1장에 나온 '國'은 '우주'를 뜻한다. 백서본^갑에는 '邦'자로 나오나, 백서본 ^을에는 한 고조 유방^{劉邦}의 '邦'자를 피해서 '國'자로 나온다. 고대에 '國'자는 우주·천하 와 같이 보다 너른 의미의 나라로 쓰였고, '邦'자는 행정도시와 같은 좁은 의미의 나라로 쓰였던 것 같다.
- 忌諱^{기휘}: 금기령.
- 彌叛^{미반}: 더욱 쉽게 반란을 일으키다. 백서본과 통행본은 모두 "미빈^{彌貧}"으로 나온다.
- 滋^자: 늘어나다. 생기다.
- 奇物^{기물}: 기괴한 일[사물].

• • •

가정맹우호^{苛政猛于虎}

"법물^{法物}"은 〈법령. 진귀한 물건〉이라는 뜻이다. 하상공주^{河上公注}에 '진귀 한 물건〈珍好之物〉'이라 했다.

춘추 열국시대에는 통치자가 무서운 법령을 만들어 민중을 괴롭힌 공포 의 사치^{私治}시대였다. 《예기^{禮記} · 단궁^{檀弓}》에 '호랑이 보다 무서운 가혹 정 치'라는 뜻의 〈가정맹우호^{苛政猛于虎}〉라는 고사가 있다.

「어느 날 공자가 제나라를 가기위해 제자와 함께 산동성 태산의 산골을 지나다가 우연히 무덤 앞에서 통곡하고 있는 부인을 보았다. 공자는 제자 자로^{子路}를 시켜 왜 울고 있는지 사연을 물어보니 부인이 답하길 "오래 전 시아버님이 호랑이에게 물려 돌아가셨지요. 그런 후에 남편도 호랑이에게 물려 죽었어요. 그런데 이번에는 아들마저 호랑이에게 물려 죽었답니다."

그러자 공자가 물었다. "그렇다면 왜 이곳 외딴 산골을 떠나 마을로 들어가지 않는 겁니까?" 부인이 답하길 "그래도 여기는 가정(苛政가혹한 정치)은 없으니까요…." 공자가 제자들을 돌아보며 말한다. "제자들이여 기억하라. 가혹한 정치는 호랑이보다 더 무서운 것이니라."」

그때로부터 2천5백년 넘게 세월이 흘러간 지금, 우리나라에는 사라진 호랑이의 무서운 그림자가 권력기관에 드리우고 있다. 이념과 지역감정을 일부러 부추겨 정치적으로 이용하는 일들이 헤아릴 수 없을 정도로 많다. 정치正治에서 벗어나 사치私治를 하고 있는 것이다.

어떻게 하면 정도 정치를 할 수 있을까?

1. 통치자는 위선僞善과 사리私利를 꾀하거나, 괴변으로 민중을 속이지 말라. 민중을 호랑이처럼 무서워하고, 민중의 마음을 얻는 정치를 해야 한다.

〈절위기려絕僞棄慮·기변棄辯〉

2. 극단에 치우치지 말라. 편중된 외교·특정한 집단·지역·종교·이념에 치우치면 재앙을 초래한다. 해화諧和의 정치를 해야 나라에 옥음이 울린다.

〈대음지성大音祗聲〉

3. 민중에게 불리하고 지도층에게 유리한 각종 제도나 법령을 폐기하라. 민중의 잘못은 너그럽게 처벌하고, 지도층의 잘못은 가중 처벌함이 정도다.

〈간닉簡匿〉

4. 일부러 일을 만들어내 벌이지 말고, 거짓이 없는 일을 하며, 언제나 자연自然의 섭리에 순응하라.

〈위무위爲无僞. 도법자연道法自然〉

마르크스-레닌은 역사발전 과정이 스스로 이뤄지는 것이 아니라 대립과 투쟁 그리고 혁명적 방법에 의하여 이뤄진다고 했다. 그러나 노자는 서로가 서로에게 의존하고〈정반상의正反相依〉, 서로가 서로에게 전환하며〈정반호전正反互轉〉, 서로가 서로를 생겨나게 하는〈정반상생正反相生〉 방식으로 순환 발전하는 변증법사상을 말하고 있다.

우파와 좌파의 대립투쟁이 아니라, 우파와 좌파의 상호공존을 통한 역사발전을 추구하는 것이 정도정치다. 우파는 현재의 조건에서 별로 억압을 느끼지 않고 나름대로 행복하다고 생각하는 사람들이다. 현 상태가 그들의 기득권을 보장해주기 때문에 변화를 싫어하고 보수적이다. 그러나 좌파는 주어진 조건에 만족하지 못해 변화를 바라고 있기 때문에 서로 충돌이 일어난다. 어느 쪽이든 이 이상과 현실의 변증법적 통일과정에 대하여 열린 생각을 갖는 것이 중요하다. 2천5백 년 전에 노자가 말한 정도정치의 개념은 지금도 통하는 중용中庸의 정치이며 해화의 정치다. 임시정부의 태극기에 그려진 태극이 노자사상을 선명하게 상징한다.

제 2 편

을조

治人事天, 莫若嗇.
치 인 사 천   막 약 색

(통치자가) 백성을 다스리고 하늘을 섬기는 데는

夫唯嗇, 是以早[腹],
부 유 색   시 이 조   복

(정력·지식을) 아끼는 것보다 더 중요한 것이 없습니다.

早腹是謂[重積德.
조 복 시 위   중 적 덕

오로지 아껴야지 일찍 (道에) 귀의 할 수 있으며, 일찍 귀의함이 곧 德을 도탑게 쌓는 일입니다.

重積德, 則无不克;
중 적 덕   즉 무 불 극

德을 도탑게 쌓으면, 이겨내지 못 하는 일이 없고;

无]不克, 則莫知其極;
무   불 극   즉 막 지 기 극

어디까지 이겨내지 못하는지 그 한계를 알 수 없고;

莫知其極, 可以有國;
막 지 기 극   가 이 유 국

그 한계가 어디까지인지를 알 수 없으면 (그런 능력을 지닌 사람은) 나라를 보유할 수 있으며;

有國之母, 可以長[久.
유 국 지 모   가 이 장   구

나라를 보유함에 있어 道가 있으
면 오래오래 안정을 유지할 수 있
습니다.

是謂深根固柢之法],
시 위 심 근 고 저 지 법

長生久視之道也.
장 생 구 시 지 도 야

오래도록 안정을 유지하는 것을
'심근고저深根固柢'라고 말하는데,
이것이 '장생구시長生久視'의 근본이
라는 것입니다.

- 事天^{사천}: 하늘[天性·本性]을 섬기다. 본연의 성품을 잘 닦아 함양함. '수신修身'을 뜻한다.
- 莫若^{막약}: ~보다 더한 것은 없다. ~가 가장 중요하다.
- 嗇^색: 愛惜^{애석}. 정신精神과 지식智識을 아끼다. 원래 '嗇'은 창고에 곡식을 비축하다의 뜻. 고대에는 '穡^색'자와 통용.
- 腹^복: 復. 복귀復歸하다. 道에 복귀하다.
- 柢^저: 밑동. 근본. 나무줄기에 가까운 굵은 뿌리. '근根'은 영양분을 흡수하는 뿌리이므로 흙속 깊게 들어가고, '저柢'는 줄기를 지탱하는 뿌리로 '주株'자와 같다.
- 視^시: 活^활

• • •

심근고저深根固柢

이 장을 해석하는데 가장 중요한 글자가 '嗇'이다. 이를 '穡'으로 보고, 중농重農사상을 강조하는 뜻으로 해석하는 학자가 있다. 필자도 전에는 '농사'의 중요성을 강조하는 뜻으로 해석하였다. 그러나 그동안 여러 학자들의 주장을 다시 검토해보니, '아낌'의 뜻으로 해석하는 것이 원뜻에 보다 부합된다는 생각이 들었다. 다만, '무엇을 아낀다는 말인가?'에 관해 고심하였는데, 그 답을《한비자》〈해로〉에서 찾았다.

治人事天, 莫若嗇	給人事天, 莫若穡
백성을 다스리고 하늘[天性]을 섬기는 데는〈治國·修身〉 정력·지식을 아끼는 것보다 더 중요한 것이 없다. 〈한비자. 郭沂. 일승〉	백성을 먹여 살리고 하늘을 섬기는 데는 농사보다 더 중요한 것이 없다. 〈尹振環. 김충열〉

한비자는 "嗇이라는 것은 정신을 소중히 여기고, 지식을 아끼는 것^{嗇之者,}

愛其精神. 嗇其智識也."이라고 하였다. 정신적 에너지 즉, 정력精力·정기精氣를 소중히 여겨 함부로 낭비하지 말고, 자신의 이익을 위해 지식을 이용하지 말라는 뜻이다. 보통사람은 정신이 산만하여 정력을 낭비하고, 자신의 이익을 위하여 지식을 이용하지만, 성인은 천하의 평화를 위하여 이를 사용한다.

왜 정력을 아껴야할까? 통치자는 일부러 어떤 일을 하려하고[有爲], 욕심을 지니고[有欲], 정신이 몸 밖으로 나가 쏘다니며[有思] 정력을 함부로 소모하지 말아야한다. 무위无爲·무욕无欲·무사无思·불사용不使用의 수신修身과정을 통하여 안정安靜되어야 정력이 보존되고 德이 쌓인다. 德이 쌓여야 치국治國을 잘할 수 있다. 그래서 '정력을 소중히 여기고 아끼라[嗇]'라고 한 것이다. "治人"은 치국治國이며, "事天"은 수신修身이다. '嗇'은 제2편乙조의 치국治國과 수신修身의 맥을 잇는 연결어인 것이다. '嗇'을 통하여 道에 복귀할 수 있고, 德을 쌓을 수 있게 된다. 德을 쌓아 德으로써 나라를 다스리면 이루지 못할 일이 없게 된다. 그러한 덕인德人이야말로 진정한 통치자인 것이다.

'심근고저深根固柢'는 〈깊은 뿌리와 튼튼한 밑동〉이고, '근심저고根深柢固'는 〈뿌리가 깊고 밑동이 튼튼하다〉는 뜻이다. 나무가 심근고저深根固柢해야 태풍이 불어도 쓰러지지 않는다. '저柢'자는 줄기가 쓰러지지 않도록 튼튼하게 받쳐주는 기능이므로 굵은 뿌리이며, '주株'자와 같다, '근根'은 땅속에 뚫고 들어가 영양분을 흡수하는 기능이므로 뿌리가 가늘다. 통치자가 도탑게 적덕積德하여 근본이 튼튼해야 심근고저深根固柢하여 나라가 오래도록 안정을 유지할 수 있다는 말이다.

청나라 때 서화가書畫家인 정판교鄭板橋1693~1765.이름은 燮의 〈죽석竹石〉이라는 칠언절구七言絶句 시가 있다. 대나무 뿌리가 바위 틈새를 뚫고 들어가 청산을 튼튼하게 움켜쥐고서 수 만 번 온갖 시련 모두 이겨왔으며 앞으로도 혹서의 동남풍이든 엄동설한의 서북풍이든 무슨 바람이 불어와도 끄떡없이 견디어 내리라는 내용이다.

「교정청산불방송咬定青山不放鬆, 청산을 꽉 쥐고 꿈적 않으며
입근원재파암중立根原在破巖中, 뿌리를 바위 틈새에 깊이 박고 서있네.
천마만격환견경千磨萬擊還堅勁, 천만번 온갖 시련 굳세게 버텨왔는데
임이동서남북풍任爾東西南北風, 앞으로 무슨 바람 불어도 끄떡없으리라.」

"샘이 깊은 물에서 콸콸 솟아오르는 물은 밤낮을 쉬지 않고 흐르다가, 웅덩이가 있으면 채우고 나서 흘러가, 드디어 넓은 바다로 흘러들어간다."〈原泉混混, 不舍晝夜, 盈科後進, 放乎四海.〉《맹자》〈이루장구하〉 나무나 샘물이나 근본이 튼튼해야 한다. 수원지에서 끊임없이 솟아오르는 물은 때로는 장애물을 만나 잠시 멈추기도 하지만, 바다를 향한 의지는 결코 포기하지 않기에 마침내 너른 바다에 이를 수 있는 것이다. 이처럼 꾸준하게 수신하고 덕을 쌓으면 바라는 목적을 반드시 달성할 수 있다는 말이다.

제23장 | 절학무우絶學无憂

통행본 48장 전반부, 19장 마지막 구

學者日益,
학 자 일 익

(爲人之學은) 학습할수록 (학습량이) 날로 많아지고;

爲道者日損.
위 도 자 일 손

(爲己之學인) 道는 닦을수록 날로 줄어듭니다.

損之或損,
손 지 혹 손

줄고 또 줄어서,

以至无爲也.
이 지 무 위 야

마침내는 '무위无爲'에 이릅니다.

无爲而无不爲.
무 위 이 무 불 위

'무위'이지만 (사실상) '무불위无不爲'입니다.

絶學无憂.
절 학 무 우

(爲人之學에 관한) 학습을 끊어야 근심거리가 없어집니다.

- 學학: (세속의 지식을) 학습하다. *통치자나 지도층 인사들이 계략과 괴변을 부리는 지식을 습득하기 위해 공부한다는 뜻이다.
- 或혹: 또又.
- 无不爲무불위: 어떤 행위를 하지 않는 것이 없다. 모든 일을 다 한다.

• • •

후흑학厚黑學

"학자일익學者日益"의 '學'은 통치자나 나라의 지도층 인사들이 제8장에 나오는 '절지기변絶知棄辯'의 '지변知辯계략과 괴변'을 공부한다는 뜻이다. 옛날이나 지금이나 정치하는 사람들은 젊어서 배운 지식을 이용하여, 민중을 속이고 민중위에 군림하며 상대방을 궁지에 몰아넣기 위한 수단으로써 부정적으로 사용하는 경우가 많다.

"절학무우絶學无憂"라는 구의 위치가 중요하다. '學'은 부정적이나, '爲道'는 긍정적인 뜻으로써 그 성질이 완전히 상반된다. 그렇기 때문에 당연히 '절학絶學'해야 하는 것이고, 그래야 '무우无憂'해진다. "절학무우絶學无憂"를 이장의 끝에 둔 이유다.

1997년 형문시 박물관에서 펴낸《곽점초묘죽간郭店楚墓竹簡》을 보면, 제2장과 제3장(이 책 제23장과 제24장)의 사이에 나온다. 그런데, 죽간을 정리한 연구원이 왕필본의 영향을 받아 "絶學无憂" 다음에 온점을 찍어야 하는데, 반점을 찍는 착오를 일으킨 것이다. 이 때문에 제3장의 첫 머리에 두는 학자들이 있다. 이 경우 그 다음 글과 뜻이 연결되지 않는다.

옛날에는 자신의 내재적 수양을 위해 道를 닦고, 德을 쌓기 위해 공부하는 사람들이 많았다. 이러한 학문 탐구를 '위기지학爲己之學'이라하고, 세상에 자신을 잘 맞추기 위해 하는 공부를 '위인지학爲人之學'이라 한다.

《논어》에 이런 말이 있다.

"옛날 사람들은 자신의 내재적 수양修養을 위해 공부를 했는데, 요즘 사람들은 남에게 잘 보이기 위해 공부를 한다.〈古之學者爲己, 今之學者爲人.〉"〈헌문〉

"배우고 때때로 그것을 익히면 매우 즐겁지 않겠는가?〈學而時習之, 不亦說乎?〉"〈학이〉

'習'자는〈羽+白〉이다. '白'자는 원래 '自'자인데 간략하게 '白'으로 썼다고 한다. 어린 새가 스스로 날개 짓을 익히는 모습이 習이다. 열심히 날개 짓을 배우고 익혀서 마침내 하늘로 날아오른다면, 즉 실천한다면 어찌 즐겁지 않을 수 있겠는가라는 뜻이다. '說'자는 '悅열'자로 읽는다.

이장의 '절학絶學'의 '學'이란 위인지학爲人之學을 가리키는 말이다. 마하트마 간디 추모공원의 묘지 기념석에 새겨진 〈7대 사회악〉 중에 "인격 없는 지식(Knowledge without character), 인간성 없는 과학(Scinece without humanity)"이란 글이 있다. 도덕성이 결여된 지식이나 기술은 사회를 병들게 만드니, 그런 '세속적 학學을 끊어버리고 위도爲道로 나가라'는 말이다. '위도爲道'는 위기爲己의 학문이다.

아는 것이 많아 겉으로는 바르고 선한 듯이 행동하여 어리석은 자들로부터 훌륭한 인물이라고 추앙받는 사이비 지식인을 공자는 "향원鄕原"이라 하면서, "덕을 말아먹는 도적놈鄕原, 德之賊也.《논어》〈양화〉"이라고 했다. 향원은 부끄러운 짓을 하고도 부끄러운 줄을 모르는 위선자를 가치키는 말이다. 공자와 맹자가 가장 싫어하는 사람이 과거의 관행이나 편견에 얽매인 '보수 꼴통'들이다. 공맹사상의 본질은 '고루함'을 타파하여 사회변혁을 이루는데 있다. '향원鄕原'은《맹자》〈진심하〉에도 나오는데, 중국어 사전에는 '향원鄕愿'으로 나온다.

1912년 중국의 사천四川 대학교 교수였던 이종오李宗吾가 제창한 '후흑학厚黑學'이란 게 있다. 그는 옛날 중국 대륙을 누볐던 영웅호걸들의 성공 은「낯가죽이 성벽처럼 두꺼운 '면후面厚'와 속마음이 숯처럼 시꺼먼 '심흑心黑'에 지나지 않는다厚如城墙, 黑如煤炭」는 천고의 비결을 찾아냈다. '후흑厚黑'이란 면후심흑面厚心黑의 줄인 말로 철면피란 뜻이다. 면후面厚는 유비처럼 두꺼운 얼굴이니 '뻔뻔함'을, 심흑心黑은 조조처럼 검은 마음이니 '음흉함'을 의미한다. 유비는 동분서주 남에게 얹혀살면서도 부끄러움을 모르고, 울기도 잘했다. 조조는 포악하고 속이 시커먼 정도가 극에 달했다. 유방劉邦의 성공은 "두꺼운 낯가죽과 시커먼 심보를 겸한데 있다"라고 했다.

우리나라 현대사에는 낯가죽이 두꺼우면서도 강하고, 심보가 시커머면서도 반질반질 빛나는 후흑厚黑의 정치가들이 많다〈厚而硬, 黑而亮〉. 심지어 낯가죽이 지극히 두꺼운데도 두껍게 보이지 않고, 심보가 지극히 시커먼데도 검게 보이지 않는 마술사의 경지에 오른 정치가도 있다(厚而无形黑而无色). 이들은 공자가 말한 위인지학^{爲人之學}의 경지를 뛰어넘어, 후흑학^{厚黑學}을 체득한 위선의 달인들이다.

제24장 | 미여악 美與惡

통행본 20장 중반부

唯與呵, 相去幾何?
유 여 가   상 거 기 하

(아랫사람이 굽실거리며) 대답하는 말과
(윗사람이) 큰 소리로 꾸짖는 말은,
서로 얼마나 차이가 있습니까?

美與惡, 相去何若?
미 여 악   상 거 하 약

아름다움과 추함이, 서로 어떻게
다릅니까?

人之所畏, 亦不可以不畏.
인 지 소 외   역 불 가 이 불 외

사람들이 두려워하는 것을, (나도)
두려워하지 않을 수 없습니다.

• 美與惡 : 통행본에는 '善之與惡'으로 나온다.
  미 여 악   선 지 여 악

· · ·

당당한 기품

'唯wéi'는 대답하는 소리이고, '呵hē'는 크게 질책할 때 나오는 소리다.

　사람들은 〈유唯, 미美〉에 대해서는 친근감을 보이고, 〈가呵, 악惡〉에 대해서는 두려워하며 싫어한다. 사람들이 두려워하니까 노자도 따라서 그것에 대하여 두려워한다는 말이다. 왜냐하면 그것이 사람들의 존엄과 생명을 위협하기 때문이다. 사람을 사랑하는 따뜻한 가슴의 체온을 느끼게 한다.

　윗사람은 왜 "예~예"라고 머리를 조아리며 굽실굽실하는 아랫사람에게, 큰소리로 "허~"라고 목청을 높일까? 권력과 돈을 매개로 갑과 을의 비대칭적인 관계가 형성되어 있을 때 나오는 오만한 '갑질'들의 소리다. 자신보다 약한 사람에게 오만하게 큰 소리 치는 사람은, 자신보다 강한 사람에게는 비굴할 정도로 더 잘 굽실거린다. 참으로 훌륭한 사람은 자신보다 약한 사람에게 관대한 사람이다.

　타인 위에 군림하지 않고 위엄을 누릴 수 있을까. 부드러우면서도 당당한 기품은 어디에서 우러나올까. 괴테는 〈이탈리아 기행〉에서 어느 수도원 사제들의 우아한 자태로부터 받은 깊은 인상을 다음과 같이 쓰고 있다.

　"그들의 복장은 순종과 절제를 의미하는 동시에 그것을 입고 있는 사람에게 상당한 위엄을 부여해주었다. 그들은 자신의 품위를 떨어뜨리지 않고

서도 겸손하게 보이도록 행동할 줄 알았다. 그러다가도 다시 허리를 꼿꼿이 세우고 있을 때면, 다른 어떤 신분의 사람에게서도 찾아볼 수 없는 아름다움을 보이고 있었다."

아름다움을 한자로 '美'라 쓴다. 美는 〈羊+大〉다. 양이 큰 것을 아름답다고 한 것이다. 양은 커야 여러모로 쓸모가 많기 때문이다. 수도원 사제들의 우아한 자태로부터 풍기는 아름다움과는 느낌이 아주 다르다.

제25장

애이신위천하愛以身爲天下

통행본 13장

人寵辱若驚,
인 총 욕 약 경

사람들은 총애를 받거나 모욕을 당하면 놀라는 것 같고,

貴大患若身.
귀 대 환 약 신

우환을 자기 몸처럼 중시하는 것 같습니다.

何謂寵辱?
하 위 총 욕

총애나 모욕이란 무엇입니까?

寵爲下也.
총 위 하 야

총애라는 것은 비천한 것입니다.

得之若驚,
득 지 약 경

그것을 받으면 기뻐서 놀라고,

失之若驚,
실 지 약 경

그것을 잃고 모욕을 당하면 황당해서 놀라기 때문에

是謂寵辱[若]驚.
시 위 총 욕 약 경

이를 '총욕약경寵辱若驚'이라 하는 것입니다.

[何謂貴大患] 若身?
하 위 귀 대 환 약 신

왜 우환을 자기 몸^(생명)처럼 중요시
합니까?

吾所以有大患者, 爲吾有身.
오 소 이 유 대 환 자 위 오 유 신

우리에게 우환이 있는 까닭은,
우리에게 몸이 있기 때문입니다.

及吾无身, 有何 [患?
급 오 무 신 유 하 환

만일 우리가 몸이 없다면,
어찌 우환이 있겠습니까?

故貴爲身于] 爲天下,
고 귀 위 신 우 위 천 하

그러므로 천하보다 자신을 귀하
게 여기는 사람에게,

若可以托天下矣;
약 가 이 락 천 하 의

천하를 맡길 만하고;

愛以身爲天下,
애 이 신 위 천 하

자신을 천하로 여기고 사랑하는
사람에게,

若可以寄天下矣.
약 가 이 기 천 하 의

천하를 기탁^{寄託}할 만합니다.

- 有^유: 원문은 '或^혹'자이나, 통행본에 따라 '有'로 쓴다. '有'와 '或'은 서로 통한다.
- 爲身^{위신}: '수신^{修身}'의 뜻.
- 爲天下^{위천하}: 치세^(治世. 천하를 다스리다). '평천하^{平天下}'의 뜻.

• • •

가장 위대한 사랑

통행본에는 '寵辱若驚' 앞에 '人'자가 없다. 앞장에 나온 '人'과 같은 뜻이다.

〈유^唯와 가^呵〉, 〈미^美와 악^惡〉이 다르지 않는데도 사람들은 〈가^呵와 악^惡〉에 대해서 특별히 두려움을 느낀다. 두려워하지 않으면 때로는 생명이 위험하기 때문이다. 이들은 높은 사람이 큰소리를 치면 굽실굽실 머리를 조아리는 보통사람들이다. 그런 사람들은 총애를 받아도 감격해서 놀라고, 모욕을 당해도 무서워서 놀란다. 때로는 모욕을 당하면서도 총애를 받은 줄로 알고 감격의 눈물을 흘리기도 한다. 집안에 우환이 생기면 어찌 할 바를 모르고 그 우환에 지나치게 매달린다. 그러다가 자기 몸이 상하고 심지어는 생명을 잃기까지 한다. 아무리 중대한 우환일지라도 자기 몸보다 귀중할 수는 없는 일이다. 굴욕을 당해도 실망하지 말고, 은총을 받아도 교만하지 말고, 자신의 건강관리를 가장 중시해야 한다는 말이다. 내가 있고 난 후에 명예도, 권력도, 돈도, 천하도 있게 된다는 뜻이다.

이장의 첫 구부터 주어는 '人'인데, "오소이유대환자^{吾所以有大患者}"부터 주어가 '吾'로 바뀐다. 무슨 의미가 있을까? '人'이 주어인 앞 구절은 보통사람들이 총애를 받거나 모욕을 당해도 놀라고 두려워하다가 건강을 잃는 어리석음을 말하고 있다. 뒤에 나오는 '몸'는 지도층 인사를 가리킨다. 자가 몸을 천하로 여기고 소중히 관리하고 수신하는 사람에게 천하를 맡길 수 있다는 말이다. 그런 사람에게는 언젠가 나라를 위해 큰 일할 수 있는 기회가 찾아온다는 뜻이다.

"귀위신우위천하貴爲身于爲天下"는 〈귀한 것은 천하보다도 자신이라고 여기는 사람에게〉라는 뜻이다. 이 구는 왕필본과 다르다. '爲身'이 '以身'으로, '于爲天下'가 '爲天下'로 나와 있다. 초간본(원문)에 따르는 것이 보다 합리적이다.

초간본. 백서본	왕필본
貴爲身于爲天下	貴以身爲天下

'爲身'을 '修身수신'으로, '爲天下'를 '治世치세'로 보고, '于'는 '~보다도'의 뜻으로 보면, 〈천하를 다스리는 치세治世보다 수신修身을 중시하는 사람에게〉라는 해석이 된다. 자사子思가 이 글을 보고,《대학》에서 〈수신修身 ⇒ 평천하平天下〉를 말한 것이 아닐까라는 생각이 든다.

"애이신위천하愛以身爲天下"는 〈자신을 천하로 여기고 사랑하다. 자신을 천하에서 가장 사랑하다〉의 뜻이다. 앞 구의 동사 '貴'자와 이 구의 동사 '愛'자를 강조하기 위해 맨 앞에 둔 것이다. 세상에서 자신을 가장 사랑하고 수

신하는 사람에게 치국평천하治國平天下의 대임을 부여할 수 있다는 뜻이다. 수신(修身: 爲身)과 평천하(平天下: 爲天下)의 관계를 설명하고 있는 것이다. 마치 《대학》의 서언을 읽고 있다는 느낌이 든다. 천하를 다스리는 일의 근본은 수신에 있는 것이고, 수신의 근본은 자신을 사랑하는데 있다는 말이다.

〈자신을 천하보다 귀중하게 여기고貴爲身于爲天下, 자신을 천하에서 가장 사랑하라愛以身爲天下. 그렇게 '가장 위대한 사랑'을 하는 사람에게 큰일을 할 수 있는 기회도 찾아온다〉는 말이다.

다음은 휘트니 휴스턴Whitney Houston이 부른 노래 가사중의 한 토막이다.

The greatest love of all. … I've found the greatest love of all inside of me The greatest love of all is easy to achieve Learning to love yourself It is the greatest love of all …	가장 위대한 사랑 … 나는 가장 위대한 사랑이 나 자신 속에 있음을 발견했어요. 가장 위대한 사랑을 얻는 것은 어려운 일은 아니에요. 자신을 사랑하는 것이 가장 위대한 사랑이죠. …

세상에서 '가장 위대한 사랑'이란 연인 간의 사랑도, 부모 자식 간의 사랑도 아닌 바로 '자신을 사랑하는 것'이다. 괴롭고 힘들 때 누군가가 내 마음 속에 들어와 나를 진실로 어루만져 주고 위로해주길 바라지만, 막상 그런 사람은 세상에 없다. 오직 자신만이 자신의 고통의 소리를 들어주고 달래줄

진실한 사람이라는 사실을 나이가 들면서 깨닫게 된다. 내가 세상의 주인이며 세상에서 가장 존엄한 존재라는 말이다. "천상천하유아독존天上天下唯我獨尊"인 것이다.

제26장 | 폐기문閉其門

통행본 52장 중반부

閉其門, 塞其兌, 終身不危.
폐 기 문　색 기 태　종 신 불 위

(정상배들이 출입 못하게) 문을 닫아버리고, (그들의) 설왕설래하는 통로도 막아버리면, 종신토록 위험하지 않습니다.

啓其兌, 賽其事, 終身不救.
계 기 태　새 기 사　종 신 불 구

(그런데 거꾸로) 설왕설래의 통로를 열어 놓고, (그들과) 모사謀事를 경쟁하듯 꾸며내면, 종신토록 구제불능이 됩니다.

- 兌태: '說설'자로 본다.
- 危위: 죽간 글자는 '山'자 위에 '矛'자가 있다. 이를 〈康熙字典은 '危'라 했다. 산위에서 창〔矛〕을 가지고 춤추니 위험하다는 뜻이다. '무찬'자로 보는 견해도 있다.
- 賽새: 겨루다. 게임.

• • •

양봉음위 陽奉陰違

"폐기문閉其門, 색기태塞其兌"를 제20장에서는 "폐기태閉其兌, 색기문塞其門"이라 했다. '兌'와 '門'의 위치가 바뀐 것이다. 이 구를 어떻게 해석할 것인가. 제20장과 다른 뜻일까?

죽간에 쓰인 글자를 지금의 어떤 한자로 판독하느냐에 따라 해석이 다르다. 2003년도에 출간한《초간 노자》에서는 도종류涂宗流의 판독과 해석을 참고하여 "탐욕의 문을 닫고 쾌락의 통로를 막으면 평생토록 혼란스럽지 않습니다."라고 해석하였다. '탐욕과 쾌락에 빠지지 말라'고, 도를 닦는 사람에게 당부하는 뜻으로 본 것이다.

〈참조: 涂宗流의 책 61쪽〉

지금 다시 생각해보니 그런 해석보다는 윤진환尹振環이 판독하고 해설한 견해가 보다 합리적이라는 생각이 든다. 더욱이 김충열도 같은 견해로 해석하였다. 그래서 필자도 위와 같이 원문['不危'와 '不救']과 해석을 바꾼 것이다.

〈참조: 尹振環의 책 301쪽. 김충열의 책 79쪽〉

이장에 대한 김충열의 해석은 다음과 같다.

"이상한 궤변으로 임금과 백성을 현혹시키는 이른바 처사횡행處事橫行의 입을 막아라. 무리지어 작당하고 세력을 모아서 파벌을 짓는 식객이나 학파들의 출입문을 막아라. 그래야만 종신토록 위험한 일들이 생겨나지 않을 것이다. 교언영색으로 이권에 혈안이 되고 권세에 아부하는 유세객들을 등용하여 더욱 그 교사스러운 입을 놀리게 하거나, 파당과 파당, 학파와 학파가 도토리 키 재듯 경쟁을 일삼게 하다가는, 마침내 구제불능의 곤욕을 치르게 될 것이다." 〈김충열은 尹振環의 해석을 참고한 것으로 본다.〉

이장은 노자가 강조한 "절지기변絶知棄辯", "절학무우絶學无憂"라는 말과 상통한다. 당시에도 양봉음위하는 사이비 지식인이나 궤변론자들이 많았던 모양이다. 나라를 바르게 다스리고자 하는 통치자나 지도층 인사들은 그런 무리들의 출입을 막아버리고, 그들이 설왕설래하는 말들을 아예 차단해 버려야지 위험에 말려들지 않는다는 말이다.

'양봉음위'란 보는 앞에서는 순종하는 체하고, 속으로는 딴 짓한다는 성어다. '표리부동表裏不同' 또는 '표리불일表裏不一'이라고도 한다. 겉과 속이 다른 권모술수를 가리키는 말이다. 2천 4백년이 지난 지금도 양봉음위하는 모사꾼들이 많다. 훌륭한 통치자가 되려면 마땅히 그런 모사꾼들을 멀리하고 정도 정치를 하라는 것이다. 그런데 어리석은 통치자는 특정한 집단의 이익을 위해 일부러 그런 정상배들과 작당하여 일을 벌이다가 종신토록 구제불능의 수렁에 빠지게 된다. 먼 옛날의 이야기가 아니다. 지금도 벌어지고 있는 일이다.

제27장 │ 대영약충大盈若盅

통행본 45장 전반부

大成若缺, 其用不敝.
대 성 약 결 기 용 불 폐

완전하게 갖춘 것은 부족한 듯 보이나, 그 효용에는 아무런 결함이 없습니다.

大盈若盅, 其用不窮.
대 영 약 중 기 용 불 궁

꽉 찬 것은 마치 텅 빈 것 같으나 그 효용은 무궁합니다.

大巧若拙, 大成若詘,
대 교 약 졸 대 성 약 굴

재주가 뛰어난 사람은 서투르게 보이고, 크게 성공한 사람은 어눌하게 보이며,

大直若屈.
대 직 약 굴

아주 정직한 사람은 도리에 어긋나는 듯이 보입니다.

- 訥굴: 어눌하다. '눌訥'자와 같다.

• • •

형용모순 oxymoron

완벽하게 이뤄진 것은 아무런 꾸밈이 없기 때문에 인위적으로 다듬고 가꾼 것에 익숙한 보통사람들 눈으로 보면 뭔가 모자라게 보이고, 뛰어난 기교도 서투른 듯이 보이기 마련이다.

봉은사에는 '판전板殿'이라고 쓴 추사秋史의 편액이 걸려 있다. 추사가 썼다고 믿기 어려운 어린이 수준의 글씨라 할까. 이를 보고 쓴 강우방교수의 '교졸巧拙의 미학'에 관한 내용은 다음과 같다.

"요즈음 추사의 글씨와 그림을 보면서 나는 그것이 심한 파격에서 오는 '졸拙'의 문제임을 알게 되었다. 추사의 예술은 '교巧'와 '졸拙'이라는 동양 미학의 가장 근본적인 문제로 우리를 이끈다. 그는 모든 서법을 섭렵하여 극히 능숙하고 세련된 필치로 썼는데, 점차 재구성을 통하여 파격을 실험하기 시작한다. 그런데 그 파격에 졸미拙美가 나타나 있는 것이다."

추사가 쓴 '판전'이라는 글씨와 신영복의 글씨를 보통사람이 보면 '拙'하게 보이지만, 그 안의 '巧'의 극치가 내재되어 있어, 그야말로 '대교약졸大巧若拙'의 마력을 지닌 글씨라고 한다. 이러한 대교약졸의 졸미拙美는 운보 김기창 화백의 '바보산수'에서도 느낄 수 있다. 파격적인 단순화와 의식을 자유스럽게 표명하고 있는 그의 그림은 노년기에 들어 동심으로 돌아간 운보의 순수함을 표현하고 있다.

"대성약굴 大成若詘"의 '大成'은 첫 구에 이미 나온 단어라 의외라 하겠다. 백서본 갑본 에는 '대영 大贏 '으로, 왕필본에는 '대변 大辯 '으로 나온다. 그래서 이를 곽기는 "대영약굴 大贏若詘"로 쓰고 있다. '굴 詘 '은 어눌하다는 뜻의 '눌 訥 '이다.

*

'형용모순形容矛盾'이란 형용하는 말이 형용을 받는 말과 모순되는 일을 일컫는 말로, '모순수사법', '자상모순自相矛盾'또는 역설화법逆說話法이라고도 한다. 가령 시나 소설에 나오는 〈꽉 찬 허공, 텅 빈 충만, 아름답고도 슬픈 여행, 찬란한 슬픔, 기쁨과 슬픔(고은은 이를 '깁슬픔'이라 했다), 똑똑한 바보, 정의로운 바보(독립운동가: 자신을 희생하며 투쟁), 쓸모없음의 쓸모无用之有用, 불욕不欲의 욕심, 소리 없는 아우성, 무정한 다정함(cruel kindness), 진실한 거짓말, 감미로운 우수憂愁, 거짓된 진실(falsely true), 무사망(无事忙.할 일없는 야단법석. much ado about nothing), 재미있는 지옥, 가족은 사랑하는 타인, 죽음으로 삶〉처럼 서로 모순되는 듯이 보이는 어구를 나열하는 표현법이다.

노자는 그의 사상을 형용모순의 수사법으로 절묘하게 표현하고 있다. 〈대성약결大成若缺, 대영약충大盈若盅, 대교약졸大巧若拙, 대성약굴大成若詘, 대직약

굴大直若屈)은 '뚝배기 보다 장맛'이라는 말처럼 씹으면 씹을수록 고소한 맛
이 우러나오는 언어의 묘미를 느끼게 해준다. 그런데 어떤 사상이나 감정을
압축적으로 은밀하게 표현해주는 모순수사법을, 요즘 정치가들은 교묘하
게 이용하여 민중을 호도한다. 공자는 '바른 주장'을 정거正擧라 하고, '미친
주장'을 광거狂擧라 했다. 광거가 난무하는 세상이다.

제28장 | 청정淸靜

통행본 45장 후반부

燥勝滄, 淸勝熱,
조 승 창 청 승 열

열기는 냉기를 이기고, 청정은 열기를 이깁니다.

淸靜爲天下定.
청 정 위 천 하 정

(이처럼) 청정이 천하를 안정시킵니다.

- 燥조: 불. 열기. *초나라 방언에는 '火'를 '燥 zào'라고 불렀다고 한다. 노자는 초나라 사람이니 불을 '燥'라 쓴 것이다.
- 滄창: 냉기. 싸늘함.
- 定정: 통행본에는 '正'자로 나온다. 끝의 '定'자를 죽간 연구원은 통행본을 참작하여 '正'자로 바꿔 읽었으나, 여기에서는 죽간에 쓰인 그대로인 '定'자로 적는다.

• • •

삼매경

'청정'만이 천하 만물의 순환 질서를 안정시켜준다. 다시 말하면, 〈'청정'에는 천하 만물을 안정시켜, 순환 질서를 유지해주는 불가사의한 어떤 힘, 즉 마력魔力이 있다〉는 말이다. 불교에서는 마음을 가라앉혀 평정을 이루는 방법으로 선정禪定이라고 하는 명상 수련법이 있다. 덧없는 모든 생각을 버리고 마음을 오직 하나에 모은 다음, 인식의 경계를 넘어 텅 비어 아무것도 없는 영역으로 들어간다. 그리고 마침내는 이 아무것도 없는 영역조차 넘어서, 생각이 있는 것도 아니고 생각이 없는 것도 아닌[비상비비상非想非非想] 경지에 몰입하는 방법이다.

일상생활에서는 세상이 혼탁하고 내 마음도 흐려있기 때문에 어떤 사건이 발생했을 때 그 진실을 알아보기가 어렵다. 내 마음이 흔들리면 온갖 망상이 생겨나고 정신을 집중할 수 없게 된다. 명상을 통하여 마음을 고요하게 가라 앉혀야 정신 집중이 가능해진다. 일체의 잡념에서 벗어나 마음이 청정淸靜을 이룬 상태를 삼매三昧 또는 삼매경三昧境이라 한다. 이는 산스크리트어 '사마디samadhi'를 한자로 음역하여 나온 말이다. 청정은 마음속에 일어난 탐욕과 성냄 그리고 어리석음의 불길이 다 꺼지고 난 후 찾아오는 맑고 고요한 마음의 상태다. 통치자는 청정한 마음을 지니고, 무위를 행하여야 한다. 그래야 평천하平天下에 이를 수 있다.

제갈량은 임종하기 전 54세 때, 8세의 아들 제갈첨에게 보낸 「계자서誡子書」라는 한통의 서신을 남긴다. 여기에 나오는 "담박영정淡泊寧靜"은 시인 묵객들이 즐겨 암송하는 명언이다. '담박淡泊'과 '영정寧靜'은 노자 사상의 열쇳말인 '염담恬淡'과 '청정淸靜'을 가리키는 말이다. 시간을 소중히 아껴 청정한 마음으로 학문에 전념하고 덕성을 함양하여 장차 사회에 쓸모 있는 사람이 되라고 당부하는 부정父情이 넘치는 글이다.

善建者不拔,
선 건 자 불 발

(도에) 뿌리를 잘 내린 사람은 뽑히지 아니하고,

善保者不脫,
선 보 자 불 탈

(도를) 잘 껴안은 사람은 이탈하지 않으니,

子孫以其祭祀不頓.
자 손 이 기 제 사 부 돈

(그렇게 근본이 튼튼한 사람은) 자자손손 제사가 끊어지지 않을 것입니다.

修之身, 其德乃眞;
수 지 신 기 덕 내 진

〈선건선보善建善保의 덕으로〉 수신修身하면, 그 덕은 진실해지고;

修之家, 其德有餘;
수 지 가 기 덕 유 여

한 집안이 그것으로 가지런하면, 그 덕은 넉넉해지며;

修之鄕, 其德乃長;
수 지 향 기 덕 내 장

한 고을이 그것으로 화목하면, 그 덕은 오래가며;

修之邦, 其德乃豊;
수 지 방 기 덕 내 풍

한 나라가 그것으로 다스리면,
그 덕은 풍성해지고;

修之天[下], 其德乃溥.
수 지 천 하   기 덕 내 박

천하가 그것으로 평화롭게 되면,
그 덕은 널리 확산됩니다.

以家觀家,
이 가 관 가

한 가정을 통하여 다른 가정을
관찰할 수 있으며,

以鄕觀鄕,
이 향 관 향

한 고을을 통하여 다른 고을을 관
찰할 수 있으며,

以邦觀邦,
이 방 관 방

한 나라를 통하여 다른 나라를 관
찰할 수 있으며,

以天下觀天下.
이 천 하 관 천 하

한 세계를 통하여 다른 세계를 관
찰할 수 있는 것입니다.

吾何以知天 [下然哉?以此.]
오 하 이 지 천 하 연 재   이 차

내가 어떻게 온 천하가 그러한지
를 알겠습니까?

〈그것은 선건선보善建善保로써 덕이 실행되고 있는
지를 보면 알 수 있습니다.〉

- 拔^발: 뽑히다. 흔들리다.
- 頓^돈: 멈추다. 어렵다. 고달프다[難. 困頓].
- 修^수: 닦다. 실행하다.
- 溥^박: 넓다. 크다. '박博'과 같은 뜻.

• • •

수신제가^{修身齊家}

"선건자불발^{善建者不拔}"은 도에 관하여 근본이 튼튼한 사람은 흔들리지 않는다는 뜻이다. 용비어천가를 연상케 하는 말이다.

"불휘 기픈 남간 바라매 아니 뮐째 곳 됴코 여름 하나니

새미 기픈 므른 가마래 아니 그츨새 내히 이러 바라래 가나니"

〈뿌리 깊은 나무는 바람에 흔들리지 아니하므로, 꽃이 좋고 열매가 많이 열리느니라.

샘이 깊은 물은 가뭄에 마르지 아니하므로, 시내를 이뤄 바다에 가느니라.〉

용비어천가 제2장

"제사불돈^{祭祀不頓}"의 끝 '頓'자가 백서본에는 '絕^절'자로, 왕필본에는 '輟^철'자로 나온다.

"이가관가^{以家觀家}"에서 앞의 '家'와 뒤의 '家'에 어떤 차이가 있는가? 앞의 '家'는 덕의 도리가 실현되는 가정이고, 뒤의 '家'는 그런 도리가 실현되지 않고 있는 일반 가정이다. 덕의 도리가 실현되고 있는 〈身, 家, 鄕, 邦, 天下〉

를 통하여, 그런 도리가 실현되지 않고 있는 〈家, 鄕, 邦, 天下〉를 비교 관찰해보면, 온 천하가 어떻게 돌아가고 있는지를 알 수 있다는 말이다. 백서본과 왕필본에는 '以家觀家'앞에, '以身觀身'이 나온다.

춘추시대에 '家'란 귀족인 대부大夫와 그의 가족 그리고 하사받은 봉지封地를 모두 일컫는 말이다. 하층계급인 사농공상士農工商의 4민과 노예들은 별도로 가정을 이룰 수 없고, 지배하고 있는 대부의 가정에 소속되었다. '鄕'이란 12,500家를 일컬었으니, 그 규모가 대단히 컸다. 한 대부가 거느리는 '家'를 10명으로만 쳐도 12만 명이 넘는다. 우리나라의 시골 마을 규모가 아니다. '邦'이란 주周나라에서 제후諸侯로 봉한 나라를 말한다.

덕德이 실현되고 있는 〈身, 家, 鄕, 邦, 天下〉을 통하여, 그런 덕이 실현되지 않고 있는 다른 〈家, 鄕, 邦, 天下〉를 관찰해보아 온 천하의 덕풍德風을 알 수 있다는 말이다. 노자가 말하는 '德'이란 무엇인가? '청정무위淸靜无爲'의 도리다. 욕심을 부리지 않고 일을 일부러 만들어내지 않는 소박한 삶을 가리킨다.

노자가 이장에서 말한 德을, 자사子思는 '善'과 '德'으로 개념을 나눠 정립하였다. 그리고 여기에서 '팔조목八條目'을 유추해내, 격물치지格物致知와 수신제가치국평천하修身齊家治國平天下를 골자로 하는《대학》을 지었다고 본다. 유가사상이 노자사상에 근원을 두고 발전해 나왔음을 알 수 있다. 이런 사실은 공자가 노자를 찾아뵙고 고향에 돌아와 제자들에게, 그분은 "마치 용과 같으신 분이야〈其猶龍邪〉!"라고 칭송한 말에서도 느낄 수 있다.

제30장 | 도道와 덕德

통행본 41장

上士聞道, 僅能行于其中;
상사문도 근능행우기중

(상급 수준의) 상사上士는 道를 들으면, (바로 깨달아 기쁜 마음으로) 그 중에서 가능한 부분은 바로 실행하지요;

中士聞道, 若聞若亡;
중사문도 약문약망

(그런데 중급 수준의) 중사中士는 道를 들으면, 알아들은 것도 같고, 들은 것을 잊어버린 것도 같으며;

(하급 수준의)

下士聞道, 大笑之.
하사문도 대소지

하사下士는 道를 들으면, (알아듣지 못하면서도 이미 알고 있는 양) 크게 웃어버립니다.

弗大笑, 不足以爲道矣.
불대소 부족이위도의

만일 웃지 않으면, 道라고 할 수 없을 것입니다.

是以《建言》有之:
시이 건언 유

그래서 《건언》에 이런 말이 있습니다:

明道如孛, 夷道[如纇,
명 도 여 패 이 도 여 뢰

進]道若退.
진 도 약 퇴

上德如谷, 大白如辱;
상 덕 여 곡 대 백 여 욕

廣德如不足;
광 덕 여 부 족

建德如[偷, 質] 眞如渝.
건 덕 여 투 질 진 여 투

大方无隅, 大器慢成,
대 방 무 우 대 기 만 성

명도(明道밝은 도)는 도리에 어긋난 듯이 보이고, 이도(夷道평탄한 도)는 울퉁불퉁한 듯이 보이고, 진도(進道나가는 도)는 물러나는 듯이 보입니다.

상덕(上德높은 덕)은 계곡처럼 낮고, 또 너무 깨끗하여 때 묻은 것처럼 보이며;

광덕(廣德너른 덕)은 (아주 널리 베풀어지기 때문에) 부족한 듯이 보이며;

건덕(建德건실한 덕)은 (너무 건실하게 베풀기 때문에) 대충하는 듯, 너무 순수하여 본질이 변한 듯이 보입니다.

(道와 德의 속성을 보면 마치)

대방(大方)은 한계가 없고, 큰 인물은 느리게 이뤄지고,

大音祇聲, 天象无形.
대 음 지 성　천 상 무 형

옥음^(玉音도·덕)은 하나의 소리들이 모인 것이며, 하늘의 모습은 형상이 없는 것과 같습니다.

道始无 [名, 善始且善成.]
도 시 무　명　선 시 차 선 성

道는 [처음에 무명이지만, 잘 시작하고 잘 완성합니다.]

- 僅근: 다만. ~뿐. * 왕필본에는 '근勤'으로 나온다.
- 建言건언: 예부터 전해오는 격언. 훌륭한 말을 수록한 책.
- 孛패: 도리에 어긋나다. 모순되다.*〈패悖. 패誖〉와 같다.
- 纇뢰: 실마디. 울퉁불퉁하다. *왕필본에 의거 보충된 글자다.
- 建건: 강건하다. 건실하다. *'건健'자와 통한다.
- 偸투: 게으르다. 대충하다.
- 渝투: 변하다. 달라지다.
- 音음: 여러 가지 소리가 어울린 화음. 옥음玉音. 옥진玉振.
- 聲성: 화음 속에 들어있는 개별 소리. 금성金聲.
- 祇지: 다만(只. 僅). *'祇(기: 혼)'자와 다르다. 地祇지기:지신地神. 도기道祇: 신령

• • •

간축객서諫逐客書

'上士'는 道에 관한 지식수준이 대단히 높아 득도得道의 문턱에 이른 사람이다. 도에 대해서 말하면 바로 알아듣고 실천에 옮긴다. 이런 사람은 스스로 깨달아 득도할 수 있는 사람이다. '中士'는 그 수준이 약간 높은 사람이다. 道를 말하면 어느 정도 알아듣지만 못 알아듣는 부분이 있어 제대로 실행하지 못하고 우물쭈물 망설인다. 이런 사람에게 교육이 필요하다. 꾸준히 교화하면 上士의 위치에 오를 수 있는 가능성이 있다. '下士'는 전혀 道를 이해하지 못하는 사람이다. 下士는 아둔해서 알아듣지 못하기도 하지만, 대부분 어떤 분야에 대한 집착이 강하고 잡다한 생각이 마음속에 꽉차있기 때문에 남의 말을 들어 담아둘 공간이 없는 사람이다. 마음의 문이 닫혀있는 사람에게 道를 말하면 비웃으며 엉뚱한 소리를 하니까 불언不言이 상책이다.

특정한 종교를 맹신하는 사람, 권모술수로 권력이나 재력을 쥔 사람, 논문을 표절해서 학위를 얻어 지식인으로 행세하는 사람 중에 下士들이 많다. 이들은 명예, 권력, 재물에 대한 집착과 욕망이 마음속에 가득 차 있는 사람들이다.

'大方'은 시간과 공간을 초월하여 한없이 넓다는 '대방광大方廣'의 뜻이다. 道는 우주 만물의 어느 곳에도 미치지 않는 곳이 없으니 공간적으로 한없이 넓고, 또 세월이 아무리 흘러도 연기緣起되어 끊어지지 않고 이어가니 시간적으로도 영원하다. 大方은 이러한 道나 德의 품성을 수식하는 용어다.

"대기만성大器慢成"은 〈큰 그릇[道. 德]은 오랜 시간이 걸려 느리게 이뤄진다〉는 뜻이다. 왕필본에는 '晩'자로 나온다. '晩'자 보다 '慢'자가 고상한 표현이다.
〈晩 : 늦다. 해가저물다. 慢 : 느리다. 천천히. *慢慢천천히↔快快빨리빨리〉

불후의 명작품은 오랜 시간 절차탁마切磋琢磨의 과정을 거쳐 천천히 이뤄지는 법이다. 노자는 '생강도 오래된 것일수록 맵다〈姜還是老的辣〉'라는 말처럼 오래오래 단련되어 천천히 경지에 오르는 대기만성大器慢成을 강조하고 있는 것이다. 그러나 요즘에는 빨리빨리 서둘러서 성과를 내는 분야가 있다. 특히 운동선수들은 어린 나이에 서둘러 시작해야 올림픽에서 금메달을 따낼 수 있다. 그것보다 더욱 소중한 것이 득도得道의 금메달이다.

"대음지성大音祇聲"의 '大音'은 해화諧和되어 울리는 화음이고, '祇聲'은 화음 속에 들어있는 개별의 소리를 말한다.〈참조: 도종류塗宗流의 책 60쪽〉 악기의 연주에 비유하면, 수많은 악기들이 내는 개별의 소리는 '祇聲'이고, 이들 악기소리가 어울려 내는 화음이 '大音'이다. 이 '大音'을 '옥음玉音'이라 했다. 자사는 '옥음'이란 오행이 어울려 내는 화음인데, 이 화음이 곧 '德'이라고 했다. 다시 말하면, '大音'은 德이요 道이고, '祇聲'은 오행의 개별 품성을 가리킨다.

〈참조:《대학·초간오행》236쪽. 294쪽.〉

이 장에서는 〈道와 德〉의 속성을 크게 세 부분으로 나누어 설명하고 있다.

첫째 부분은, 사민士民을 道에 대한 이해의 수준에 따라 세 등급으로 나눠 말하고 있다. 上士는 득도의 문턱에 도달한 사람이고, 中士는 어느 정도 道를 이해하고 있는 사람이며, 下士는 道를 전혀 이해하지 못하는 수준이하의 사람이다.

둘째 부분은, 예부터 전해오는 속담을 인용하여 道를 명도明道·이도夷道·진도進道의 세 가지로 나눠 보고, 이에 따라 德을 〈상덕上德·광덕廣德·건덕建德〉의 삼덕三德으로 나눠 道에 대응시켜 설명하고 있다. 명도로부터 상덕이 나타나고, 이도로부터 광덕이 나타나며, 진도로부터 건덕이 나타난다는 〈道와 德〉의 상관성을 설명하는 말이다. 이 부분이 노자가 德에 관해 선언한 삼강령이다. 공자와 자사는 이 삼강령을 기초로 해서 인덕人德에 관한 개념으로 크게 발전시켜 유가의 새로운 학풍을 일으킨 것이다. 자사가《대학》에서 말한 '삼강령'의 연원이 여기에서 나왔다고 본다.

상덕上德은 심산유곡의 골짜기처럼 높은 산에서 흘러내리는 물들을 모두 포용하며 또 너무 맑아 변질된 것처럼 보이기도 하고[⇒ 명명덕明明德. 지智], 광덕廣德은 유약한 사람 모두에게 골고루 널리 베풀어지기 때문에 마치 덕이 베풀어지지 않는 것처럼 보이기도 하며[⇒ 친민親民. 인仁], 건덕建德은 너무 건실하고 꾸준하게 지선至善을 향하고 있지만 마치 느리고 본질이 변한 듯이 보이기도 한다[⇒ 지우지선止于至善. 용勇].

삼도三道	삼덕三德	《대학》의 삼강령三綱領
명도明道	상덕上德	명명덕明明德. 지智
이도夷道	광덕廣德	친민親民. 인仁
진도進道	건덕建德	지우지선止于至善. 용勇

〈道와 德〉의 속성은 대방大方·대기大器하고 대음大音의 화음을 내며, 천상天象처럼 아무런 형상이 없음에 비유하고 있다.

셋째 부분은, 마지막 두 구로 "〈道와 德〉은 비록 이름은 없으나 잘 시작하고 잘 완성한다"는 대미大尾를 장식하는 말이다. '德'도 '道'처럼, 노자가 말한 '삼강령'을 뜻하는 이름을 어떻게 지어 부를지 몰라, 그저 별명처럼 한 글자로 '德'이라 부른 것이 아닐까. 자사는 德을 별명으로 '옥음玉音'또는 '옥진玉振'이라고 불렀다.

〈道의 별명 → 大대. —일 : 德의 별명 → 玉音옥음. 玉振옥진〉

한비자는 "군주가 신하를 다스리기 위해서 '형刑'과 '덕德'이라는 두 개의 칼자루[二柄]를 잡아야 한다"라고 하였다. 한비자의 〈해로〉에 관한 글을 〈부록 I-5〉에 실었다. 여기에서 한비자와 순자 문하에서 함께 공부한 이사李斯의 명언을 소개한다. '간축객서諫逐客書'로 널리 알려진 글인데, 《사기》〈이사열전〉에 나온다. 진秦나라에서 여불위呂不韋가 승상으로 있던 때에 간첩[細作] 사건이 터져, 다른 나라에서 온 객客들을 모두 추방하라는 '축객령逐客令'이 발포된다. 이때 이사가 이에 반대하면서 하는 말이다.

"무릇 땅이 넓으면 곡식이 많고, 나라가 크면 사람이 많고, 군대가 강하면 병사가 용감하다고 합니다. 태산은 작은 흙덩이라도 마다하지 않음으로써 그 큼을 이룰 수 있고, 하해河海는 작은 물줄기라도 가리지 않음으로써 그 깊음을 이룰 수 있습니다〈太山不讓土壤 故能成其大; 河海不擇細流 故能就其深〉."

여기에 나오는 '태산불양토양太山不讓土壤'과 '하해불택세류河海不擇細流'는 묵객墨客들이 지금껏 즐겨 쓰는 명구로 유명하다. 태산과 하해는 道와 德의 속성을 상징하는 말이다.

제 3 편

병조

제31장 | 안유인의 安有仁義

통행본 17~18장

太上下知有之,
태 상 하 지 유 지

최상의 정치는 통치자가 있어도,
민중은 그가 있다는 것만을 알뿐
이며,

其次親譽之,
기 차 친 예 지

그다음은 그를 가까이하고 찬양하며,

其次畏之,
기 차 외 지

그다음은 그를 두려워하며,

其次侮之.
기 차 모 지

그다음은 그를 업신여깁니다.

(하급정치는, 민중이 통치자에 대해)

信不足, 安有不信?
신 부 족　안 유 불 신

신뢰하는 마음이 부족하니까, (통치자
에 대한) 불신(不信)이 있는 것이겠지요?

(도가 무너져 신뢰가 부족하니까 불신을 당한다는)

猶乎其貴言也.
유 호 기 귀 언 야

그런 귀중한 말은 가슴에 새겨야
합니다.

(통치자가 정치를 잘해서)

成事遂功,
성 사 수 공

일이 성사되고 공적이 이뤄진 것
일지라도,

而百姓曰我自然也.
이 백 성 왈 아 자 연 야

민중은 (그렇게 생각하지 않고) '우리들은
본래 이렇지요'라고 말합니다.

故大道廢, 安有仁義?
고 대 도 폐 안 유 인 의

그러므로 道가 폐하여지면, 어찌
仁義가 있을 수 있을까요?

六親不和, 安有孝慈?
육 친 불 화 안 유 효 자

육친이 화목하지 못하면, 어찌 효
도와 자애가 있을 수 있을까요?

邦家昏[亂], 安有正臣?
방 가 혼 란 안 유 정 신

나라가 혼란에 빠지면, 어찌 정직
한 신하가 있을 수 있을까요?

- 太上태상: 성인聖人인 통치자. 군주.
- 安안: 의문사 어떻게. 어찌. 무슨. 어디.
- 猶유: 망설이다. 삼가고 조심하다.
- 六親육친: 부자父子, 형제兄弟, 부부夫婦.

• • •

최하급 정치

이장은 노자의 정치이상을 설파한 글이다. 통치자가 존재하고 있다는 사실조차 민중이 의식하지 못하는 나라가 이상국가라는 말이다. 이보다 한 단계 낮은 수준의 나라에서는 민중이 그를 찬양하고, 그 보다도 더 낮은 수준의 나라는 민중이 겁을 먹고 공포감을 갖는다. 최악 수준의 나라는 아예 민중이 그를 업신여기고 기회가 오면 반란에 가담하려고 한다.

통치유형을 정리하면 다음과 같다. 아래의 표 중 '5. 최하급 정치'란은 자사가 "폭정暴政보다 하위의 악정惡政을 위정僞政"이라 한다는 내용을 추가한 것이다.
《대학·초간오행》 175~177쪽

1. 최상급 정치	무위无爲의 정치	도정道政. 천하위공天下爲公. 자연의 섭리에 따른다. 민중은 통치자가 누구인지도 모른다.
2. 상급 정치	덕치德治	덕정德政. '인정仁政'이라고도 한다. 민중은 통치자를 신뢰하고 찬양한다.
3. 중급 정치	법치法治	법정法政. 민중의 자유를 구속하는 법령을 만들어 민중을 옭아맨다. 통치자를 두려워한다.

4. 하급 정치	독재정치	폭정暴政. 공포정치. 여민정책厲民政策. 민중을 감시하며, 충성을 강요한다.
5. 최하급 정치	위정僞政	악정惡政. 후흑정厚黑政. 도정盜政. 민중을 속이는 정치 *23장: '후흑厚黑'과 '향원鄕原' 참조

"신부족信不足과 안유불신安有不信"의 올바른 순서는 〈안유불신安有不信? 신부족信不足〉이다. 이는 '어찌하여 민중이 불신하고 있는 걸까요? 그것은 통치자가 엉터리로 정치를 하니까 민중이 통치자에 대하여 신뢰하는 마음이 부족하기 때문이지요.'라는 뜻이다. 그런데 두 구의 위치를 바꾼 것은 '信不足'을 강조하기 위해 도치한 것이다.

'安'자를 의문사로 보느냐 아니면 어조사로 보느냐에 해석이 완전히 달라진다.

어조사로 보면 '통치자에 대한 신뢰성이 부족하니까 그래서 그를 불신임하는 것이다'라는 해석이 된다. '安'을 의문사로 보든, 어조사로 보든 별로 차이가 없어 보이지만, 다음에 나오는 구에서는 해석이 정반대가 된다.

	'安'자를 의문사로 본 해석 〈郭沂, 김충열, 김용옥, 일승〉	'安'자를 어조사로 본 해석 〈尹振環, 오강남, 최진석〉
大道廢 대도폐, **安有仁義** 안유인의	도가 폐하여지면 어찌 인의가 있을 수 있겠는가?	도가 망가지니까 그래서 인의가 있게 되었다.

六親不和육친불화, **安有孝慈**안유효자	육친이 불화하면 어찌 효도와 자애가 있을 수 있겠는가?	육친이 불화하니까 그래서 효도와 자애가 있게 되었다.
邦家昏亂방가혼란, **安有正臣**안유정신	나라가 혼란해지면 어찌 정직한 신하가 있을 수 있겠는가?	나라가 혼란해지니까 그래서 정직한 신하가 있게 되었다.

※통행본에는 "慧智出, 有大僞.(지혜가 출현하니 큰 위선이 생겨났다)"가 삽입되어있다.

두 해석의 차이는 분명하다.

앞의 해석은 '道'가 있어야 '仁義'도 따라서 존재할 수 있다는 것이고, 뒤의 해석은 '道'가 망가져야 '仁義'가 생겨나오게 된다는 말이다. 道는 고원高遠한 우주질서의 근본을 뜻하고, 仁義는 주로 인간관계에서의 질서를 뜻한다. 높은 차원의 질서가 없어져야 낮은 차원의 질서가 생겨나온다는 논리가 성립할 수 있겠는가? "仁義라는 가치가 결코 유가에 의해서 독점된 가치가 아니었다."라고 김용옥은 주장한다. 물론 仁義라는 가치는 유가의 독점적 가치가 아니다. 仁義는 공자의 손자인 자사가 노자의 道德 개념을 계승하여 오행 중의 주요 덕목으로 정립하였고, 훗날 맹자가 이를 보고 주창한 것이다. 맹자가 태어나기 100년 전 춘추 말에 작성된 초간본에는, 도가와 유가의 사상을 대립으로 보는 글귀는 한 자도 없다. 그런데 지금도 강단에서 '道가 망가져야 仁義가 생겨나온다'라고 말하는 학자가 있을까?

부자, 형제, 부부 사이에 재산 싸움으로 가족질서가 풍비박산風飛雹散이 되어야 효자니 자애가 있게 된다는 말이 가능한 일인가? 이 경우에는 드물게 나마 불화의 사태를 수습하기위해 효자가 나올 수도 있을 것이다.

이장 앞부분은 통치자가 덕성이 모자라 그에 대한 신뢰성이 부족[信不足]하기 때문에 민중이 그를 불신하게 되고, 그래서 민중은 그를 두려워하고 업신여기게 된다고 했다. 여기에서도 같은 논리로 말하고 있다. 통치자에 대한 신뢰성이 부족해서 道가 무너지고 육친이 불화하고, 나라가 혼란에 빠진 것이다. 모든 문제의 원인은 통치자의 자질문제로 인하여 생겨나오는 일이다.

그런데, 통치자가 〈독선獨善, 오만, 불통不通, 사치私治〉하는 등 폭정暴政이나 위정僞政으로 나라가 혼란에 빠져 있을 때 충신이 등장한다는 말이 성립할 수 있는가? 그런 경우가 역사상 있었던 일인가? 그런 통치자 주변에는 간신들만이 들끓기 마련이다. 충신은 숨어버리고 패거리 아첨꾼들만이 모여든다. 만일 통치자가 덕치德治를 베풀어 민중이 그를 신뢰하고 있는 때에, 외침으로 나라가 혼란에 빠지게 된다면 수많은 충신들이 나와 목숨을 걸고 통치자를 도울 것이다. 그러나 이장에서는 통치자가 덕성이 부족하여 나라가 혼란에 빠진 경우를 말하고 있는 것이다.

지금까지 개작된《도덕경》보고 풀이한 괴변의 해석들 때문에 유가와 도가들이 2천년 넘게 서로 등지고 싸워왔다. 다행히 초간본 노자가 출토됨으로써 그런 싸움은 더 이상 계속할 필요성이 없어졌다.

執大象, 天下往.
집 대 상   천 하 왕

(성인인 통치자가) 道를 지키면, 천하 사
람들이 모여듭니다.

往而不害, 安平大.
왕 이 불 해   안 평 대

모여들어도 (통치자가) 그들에게 해를
끼치지 않으니, (나라가) 안정되고
평화롭고 웅대해지는 것이지요.

樂與餌, 過客止.
악 여 이   과 객 지

(하찮은) 음악과 음식이, 지나가는 사
람들의 발을 멈추게 합니다. (하물면
도를 지키면 얼마나 많은 사람들이 모여들겠습니까?)

故道[之出言], 淡呵其无味也.
고 도   지 출 언   담 가 기 무 미 야

道라는 것은 말하자면, 담담하고
맛이 없습니다.

視之不足見, 聽之不足聞,
시 지 부 족 견   청 지 부 족 문

而不可旣也.
이 불 가 기 야

보려고 해도 보이지 않고, 들으려
고 해도 들리지 않지만, 쓰임에는
무궁합니다.

- 執집: 지키다守.
- 大象대상: 도道.
- 餌이: 음식.

• • •

충성

　"往而不害"를 〈사람들이 모여드는데 통치자가 귀의한 사람들에게 해를 끼치지 않는다〉로도 해석할 수도 있고, 〈모여든 사람들이 통치자에게 해를 끼치지 않는다.〉로 해석할 수도 있다. 이장에서도 앞장에 이어 노자의 정치 사상을 말하고 있다. 이상사회는 통치자의 무위无爲의 정치에서 실현될 수 있다고 노자는 13장·14장·17장·18장·21장·31장 그리고 이장을 통하여 거듭 강조하고 있는 것이다.

　『다음은 맹자의 말이다.

　"위정자가 善을 좋아하면 천하의 선비들이 천리 길을 멀다 않고 몰려와 최선책을 알려줄 것이다. 반면 위정자가 善을 좋아하지 않으면 그의 말투와 표정이 선비들을 천리 밖으로 쫓아낸다. 선비들이 떠나버리면 아첨하고 알랑대는 인간들이 몰려들기 마련이다. 나라를 잘 다스리고 싶다고 한들, 이런 한심한 자들과 같이 나라를 다스릴 수가 있겠더냐!"…

　충성이란 무엇인가. 제자 자로가 임금 섬기는 법을 물었을 때, 스승 공자는 이렇게 답했다. "속이지 말고, 덤벼들어라勿欺也, 而犯之)!" 속이지 말라는 경고와 덤벼들라는 권고는 같은 뜻이다. 둘 다 사람(임금)에게 복종하지 말고, 이치에 충성하라는 의미다. 사람에게 복종하는 짓은 조폭식 의리일 뿐이요, 제 업무에 충실한 것이 참된 충성이라는 말이다. 제가 맡은 업무의 옳고 그름을 주장하며 임금에게 덤벼들 때 좋은 정치가 이뤄지지만, 임금의 비위를 맞추려 들면 맡은 일조차 속이게 된다. 그러니까 "속이지 말라, 덤벼들어라"라는 것이다. 이럴 때만이 정치가 살아난다. …

우리는 정권이 바뀌는 5년마다, 특히 새 정권의 초입에 앞장서서 험한 소리를 내뱉는 비부鄙夫들을 많이 그리고 여러 차례 보아왔던 터다. 이따위 험한 입들을 두고 맹자는 이렇게도 씹었다. "말해서는 안 될 말을 하는 자는 말로써 자리를 낚으려는 자요, 말해야 할 것을 말하지 않는 자는 침묵으로 자리를 낚으려는 자들인데, 이따위는 남의 집 옷이나 그릇을 훔치는 좀도둑 부류다!" 권력에 추세하여 곡학아세하는 학자와 언론이 특히 주의해야 할 말이다. …』

〈배병삼교수의 글 중에서〉

제33장 | 병자兵者

통행본 31장

君子居則貴左, 用兵則貴右.
군 자 거 즉 귀 좌   용 병 즉 귀 우

(평시에) 군자는 왼쪽[文]을 귀히 여기고, (전시에) 병기를 사용하는 때에는 오른 쪽[武]을 귀히 여깁니다.

故曰兵者 [不祥之器也.
고 왈 병 자   불 상 지 기 야

그러므로 병기는 상서롭지 못한 기물이라고 말하는 것입니다.

不] 得已而用之, 恬淡爲上,
부   득 이 이 용 지   염 담 위 상

弗美也.
불 미 야

부득이 그것(병기)을 사용하는 경우에는 냉담한 자세를 중요시해야 하지, 찬미를 해서는 안 됩니다.

美之, 是樂殺人.
미 지   시 락 살 인

그것을 찬미한다는 것은, 곧 살인을 즐긴다는 것입니다.

夫樂[殺人, 不可] 以得志于天下.
부 락 살 인 불 가 이 득 지 우 천 하

살인을 즐기는 사람은 천하에서 뜻을 이룰 수 없습니다.

故吉事上左, 喪事上右.
고 길 사 상 좌   상 사 상 우

그러므로 길사^(吉事평화)에는 왼쪽을 상위로 삼고, 상사^(喪事전쟁)에는 오른쪽을 상위로 삼는 것입니다.

是以偏將軍居左, 上將軍居右,
시 이 편 장 군 거 좌   상 장 군 거 우

그런 까닭에 편장군^{偏將軍}은 왼쪽에 위치하고, 상장군^{上將軍}은 오른쪽에 위치하는데,

言以喪禮居之也.
언 이 상 례 거 지 야

이는 말하자면 상례에 따르기 때문입니다.

故殺[人衆]則以哀悲莅之,
고 살 인 중 즉 이 애 비 리 지

즉, 살인을 많이 하였다는 것은 애통한 심정으로 참가하였다는 것이므로,

戰勝則以喪禮居之.
전 승 즉 이 상 례 거 지

싸움에서 승리를 하였다하여도 이를 상례에 따라 처리하는 것입니다.

- 恬淡^{염담}: 맑고 담담함. *냉담^{冷淡}.
- 上左^{상좌}: 좌측을 상위로 하다. 좌측은 음^陰이요 여성. 편장군^{偏將軍}의 위치.
- 上右^{상우}: 우측을 상위로 하다. 우측은 양^陽이요 남성. 상장군^{上將軍}의 위치.
- 偏將軍^{편장군}: 행정, 군수, 의무 등 지원 부대장. 평화 시에는 상장군보다 상위.
- 上將軍^{상장군}: 전투를 지휘하는 작전 지휘관. 전쟁 시에만 편장군보다 상위를 잠정적으로 인정.
- 莅^리: 참가하다. 임하다.

• • •

전쟁과 평화

〈갑본〉과 〈을본〉이 작성되던 BC480년경은 덕치^{德治}와 예치^{禮治}를 논하던 춘추시대 말이었다. 주^周나라 황실의 세력이 약해져 천자로서의 위력은 별로 없었지만, 패권을 다투는 제후들이 그래도 천자의 권위를 인정해주어 어느 정도 천하의 질서가 유지되고 있었다. 그러나 〈병본〉이 작성되던 BC380년경에는 오로지 힘과 힘이 대결하는 약육강식^{弱肉強食}의 무질서한 시대로 진입하던 때였다. 태사담이 함곡관을 지나다 윤희^{尹喜}를 만난 때가 BC384년이니, 〈병본〉이 작성된 시기와 같다. 그래서 윤희가 이 〈병본〉과 〈태일생수^{太一生水}〉를 쓴 것으로 추정하는 견해가 있다. 태사담은 고대의 예^禮에 관해 잘 이해하고 중요시했음을 볼 수 있다.

전쟁은 정의의 실천이니 하는 온갖 명분을 내걸고 일어나지만, 그 명분 속에 감춰진 이유는 단순한 데에 있다. 통치자의 욕망, 한풀이, 이권을 탐하는 욕심, 자존심 싸움, 종교·문화적 갈등, 무기 장사꾼들의 조작, 때로는 착각하거나 파벌싸움에 기인하기도 한다. 어떤 이유로든 전쟁은 불행을 초래한다. 정의를 실천하겠다고 전쟁을 일으키는 그 순간에, 이미 정의는 불의로 바뀌어, 무엇이 정의고 불의인지를 구분하지 못하게 된다. 권력자들이 조장하는 증오심에 불타 무조건 상대를 죽여야지만 된다. 수많은 희생이 따르고 가족들은 슬픔에 잠긴다.

"6.25전쟁은 남·북한 지도자들의 권력의 탐욕과 그를 조정하는 강대국들의 이권 충돌이 빚은 세기적인 사건이다. 전쟁의 발발 그 자체도 남·북한의 통합된 정체구축을 갈망하던 민중의 염원을 묵살하는 지도자들의 '이利'가 앞섰기 때문이다. … 전쟁도 이利에 의해서 일어났고 휴전도 민중의 염원과는 무관하게 강대국 사이의 이권의 조정에 의하여 이루어졌다. 그래서 종전의 평화협정이 이뤄지지 않고 강대국들의 이권이 상주常住하는 정전협정에 그친 것이다. 따라서 이권에 의한 설득의 결과는 끊임없이 그 이권을 가지고 노는 이권집단들에 의하여 악용된다는 것이 맹자의 주장이다. …"《맹자 사람의 길 下》672쪽.

정전협정 4조60항에는 「협정이 발효되고 3개월 이내에 코리아로부터 모든 외국군대는 철수하고, 평화정착을 위해 정치회담을 소집할 것」을 요구하고 있다. 유엔총회에서도 1953. 8. 28. 이를 지지하는 결의안을 711호로 채택하였다. 이에 따라 1954. 4. 제네바에서 평화협정을 위한 회담이 열렸지만, 미국의 기피로 회담이 무산되었다. 미국은 그때부터 지금까지 줄곧 평화협정을 반대하고 있다. 그 까닭은 미군을 남한에 주둔시켜 중국을 견제하는 한편, 무기 장사로 돈을 벌 수 있기 때문이리라.

제34장 | 위지자爲之者

爲之者敗之, 執之者失之.
위 지 자 패 지　　 집 지 자 실 지

얻으려고 하면 오히려 실패하고,
지키려고 하면 오히려 잃게 됩니다.

聖人无爲, 故无敗也;
성 인 무 위　　 고 무 패 야

성인은 얻으려고 하지 아니하므로,
실패가 없으며,

无執, [故无失也].
무 집　　　 고 무 실 야

지키려고 하지 아니하므로,
잃는 것도 없습니다.

慎終若始, 則无敗事矣.
신 종 약 시　　 즉 무 패 사 의

처음처럼 신중히 끝을 맺어야 한
다는 것이며, 이렇게 하면 실패하
는 일이 없습니다.

人之敗也, 恒于其且成也敗之.
인 지 패 야　　 항 우 기 차 성 야 패 지

사람들이 실패하는 것은, 언제나
목적이 막 달성되려는 때에 (신중하지
못하여) 실패하는 것입니다.

是以 [聖] 人欲不欲,
시 이　 성　 인 욕 불 욕

성인은 '불욕不欲의 욕심'을 부리며

不貴難得之貨;
불 귀 난 득 지 화

(사람들이 소중히 여기는) 얻기 어려운 재물을 귀하게 여기지 않습니다.

學不學, 復衆之所過.
학 불 학 복 중 지 소 과

(성인은 사람들에게) 훈계하지 않고 학습을 시키므로, 잘못이 있는 사람들이 (스스로 깨닫고) 돌아옵니다.

是以能輔萬物之自然而弗敢爲.
시 이 능 보 만 물 지 자 연 이 불 감 위

그러므로 (성인은) 만물이 스스로 본성에 순응하려 함을 도와줄 뿐, 의도적으로 행하지 않습니다.

※ 대부분 제1편 제13장과 중복된다. 후대에 삽입된 글로 본다.

〔여담〕 X-mas

한 해의 종시終始는 24절기 중 '동짓날'이다. 그런데 우리나라의 역술인들은 입춘立春 일을 기준으로 사주팔자의 연주年柱를 정하고 띠가 바뀐다고 하는데, 이는 착각이다. 음기와 양기의 기운이 바뀌는 전환점은 동짓날이다. 동짓날은 천체 운행에서 그 기준이 명확하며, 음양오행의 개념에도 들어맞는다. 그러니 역술도 이 날을 기준으로 삼아야 바르다. 서기 840년도의 달력이 이를 확인해주고 있다. 지금은 24절기가 양력을 기준으로 하여 날짜가 정해지지만, 옛날 동양에서는 음력 기준이었다. 일본인 구법승 엔닌[圓仁]이 당唐나라에 다녀온 후에 쓴《입당구법순례행기入唐求法巡禮行記》라는 여행기에 다음과 같은 글이 나온다. 엔닌이 장보고張保皐가 세웠다는 중국 산동성 영성현 석도진石島鎭 적산赤山의 법화원法華院에 머무르고 있던 때인 서기 840년 정월 15일의 기록 중 일부다.

『금년 달력 초본抄本을 얻었는데 다음과 같다. … 355일이다. 정월 11일은 우수雨水, 26일은 경칩驚蟄, 2월11일은 춘분春分, 26일은 청명淸明, 3월12일은 곡우穀雨, 28일은 입하立夏, 4월13일은 소만小滿, 28일은 망종芒種, 5월14일은 하지夏至, 6월1일은 화개火開, 15일은 대서大暑, 30일은 입추立秋, 7월15일은 처서處暑, 8월1일은 화성火成이자 백로白露이고, 16일은 추분秋分, 9월2일은 한로寒露, 17일은 상강霜降, 10월2일은 입동立冬, 18일은 소설小雪, 11월3일은 대설大雪, 20일은 동지冬至, 12월3일은 소한小寒, 18일은 대한大寒이다. 위의 달력은 내가 구하여 내용을 살펴본 것이다. …』

　이 기록에는 몇 가지 재미있는 사실이 있다. 음력으로 1년은 355일이며, '입춘立春'이 빠져 있고, '소서小暑'를 '화개火開'라 하고, '백로'를 '화성火成'이라고 했다. 그 외에는 지금 우리가 쓰고 있는 용어와 같다. 음력이란 보름달이 있는 날로부터 다음의 보름달이 있는 날까지의 기간[29.5301일]을 한 달로 하여 만든 것이다. 어느 달은 29일을, 그 다음 달은 30일로 하여 평균 29.5일을 한 달로 한다. 이렇게 1년을 만들면 양력의 1년[365.24일]보다 10일 정도가 짧은 355일이 된다. 음력은 양력보다 매년 10일 정도 앞서가므로 이를 조정하기 위하여 19년 동안에 7번의 윤달을 끼워 넣어야 음력과 양력이 맞아들어 간다.

　24절기는 동지로부터 다음의 동지까지의 기간을 24로 나누어 절기를 배치한 것이므로 양력에 맞는 절기다. 한 절기를 15일로 하면 5일이 남으므로, 5번의 16일을 두어서 1년 365일에 맞춘 것이다. 840년도의 음력을 보면 1년이 355일이므로 24절기 중 한 절기가 빠질 수밖에 없다. 그 빠진 한 절기가 입춘立春이다. 만일 입춘 일을 중요한 절기로 보았다면, '대한'을 빼고 '입춘'을 두었을 것이다. 그럼에도 '입춘'을 뺀 이유는 입춘이 중요한 절기가 아니라고 보았기 때문이다. 즉, 입춘 일은 기준이 모호한 24절기 중의 하나일 뿐이다.

　옛날에는 동서양이 모두 동지를 중요한 축제일로 삼고 동짓날에 각종 축제를 벌였다. 부여에서는 영고迎鼓라고 하여 북을 두드리고, 붉은 팥으로 죽을 쑤어 제사를 지냈다. 팥죽 국물을 벽이나 문짝에 뿌리기도 했다. 붉은 색은 양을 상징하므로, 추위를 몰고 온 역귀疫鬼를 쫓아내는 효험이 있다고 믿었다. 이는 따뜻한 날이 어서 오길 바라는 마음의 표현일 것이다.

태양신을 숭배하던 페르시아의 미드라Mitra교에서는, 동짓날 기나긴 밤이 지나고, 낮이 길어지기 시작하는 12월 25일은 '태양신의 탄생일'이었다. 그래서 동짓날을 전후하여 대대적인 축제를 벌였으며, 그 절정일인 12월 25일에는 태양신에 대한 감사의 기도를 드렸다. 이 미드라교의 태양신 탄생일인 12월 25일이 로마로 넘어가 '크리스마스X-mas'라는 이름으로 불렸다. 'X'란 지금의 영어 알파벳으로는 24번째 글자이지만, 고대의 알파벳으로는 21번째(J,V,W 제외) 또는 23번째(J 제외)라고 한다. 이는 매년 12월 22일 또는 그 날을 전후한 날(21일 또는 23일)이 동짓날인데, 이날을 가리키는 말이다. '-Mas'란 '~절節, 축일'이니, 'X-Mas'란 본래는 '동지+절', 즉 '동짓날'이라는 축일을 뜻한다. 이 날을 로마교회(서방교회)가 354년에 예수 탄생일로 정하면서부터 '동짓날'이 '예수탄생일'로 바뀐 것이다.

〈태일생수〉 죽간 사진 : 형문시 박물관에서 제작한 수초본 죽간

〈수장번호 17호로 저자 소장〉

제 4 편

태일생수조

제35장 | 태일생수太一生水

太一生水.
태 일 생 수

(태초에) 太一은 水를 창생하였습니다.

水反輔太一, 是以成天.
수 반 보 태 일 시 이 성 천

水의 도움을 받아 태일은 天을 생성하고,

天反輔太一, 是以成地.
천 반 보 태 일 시 이 성 지

天의 도움을 받아 태일은 地를 생성하였습니다. 〈공간생성〉

天地 [復相輔] 也, 是以成神明.
천 지 복 상 보 야 시 이 성 신 명

天과 地는 다시 서로 도와서,
神明을 형성하였습니다.

神明復相輔也, 是以成陰陽.
신 명 복 상 보 야 시 이 성 음 양

神과 明은 다시 서로 도와서, 陰陽을
형성하였습니다.

陰陽復相輔也, 是以成四時.
음 양 복 상 보 야 시 이 성 사 시

陰과 陽은 다시 서로 도와서, 四時
를 형성하였습니다. 〈시간형성〉

四時復相輔也, 是以成滄熱.
사 시 복 상 보 야 시 이 성 창 열

四時는 다시 서로 도와서, 寒熱을
형성하였습니다.

滄熱復相輔也, 是以成濕燥.
창 열 복 상 보 야　시 이 성 습 조

寒과 熱은 다시 서로 도와서, 濕燥를 형성하였습니다.

濕燥復相輔也, 成歲而止.
습 조 복 상 보 야　성 세 이 지

濕과 燥는 다시 서로 도와서, 끝으로 歲를 형성하였습니다.

故歲者, 濕燥之所生也.
고 세 자　습 조 지 소 생 야

그러므로 歲는 濕燥에서 생겨난 것입니다.

濕燥者, 滄熱之所生也.
습 조 자　창 열 지 소 생 야

濕燥는 滄熱에서 생겨난 것입니다.

滄熱者, [四時之所生也.]
창 열 자　사 시 지 소 생 야

滄熱은 四時에서 생겨난 것입니다.

四時者, 陰陽之所生 [也].
사 시 자　음 양 지 소 생　야

四時는 陰陽에서 생겨난 것입니다.

陰陽者, 神明之所生也.
음 양 자　신 명 지 소 생 야

陰陽은 神明에서 생겨난 것입니다.

神明者, 天地之所生也.
신 명 자　천 지 지 소 생 야

神明은 天地에서 생겨난 것입니다.

天地者, 太一之所生也.
천 지 자　태 일 지 소 생 야

天地는 太一에서 생성된 것입니다.

是故太一藏于水, 行于時.
시 고 태 일 장 우 수　행 우 시

그런 까닭에 太一은 水와 함께 있으면서, 시간운행을 합니다.

周而或[始, 以己爲]萬物母;
주 이 혹　시　이 기 위　만 물 모

한 해는 늘 다시 시작하고,
스스로 만물의 근본이 되며,

一缺一盈, 以己爲萬物經.
일 결 일 영　이 기 위 만 물 경

한쪽이 부족하면 다른 쪽은 남는 법,
스스로 만물의 변화법칙이 됩니다.

此天之所不能殺,
차 천 지 소 불 능 살

이것은 天이 제거할 수도 없고,

地之所不能釐,
지 지 소 불 능 리

地가 다스릴 수도 없으며,

陰陽之所不能成.
음 양 지 소 불 능 성

陰陽이 변화시킬 수도 없습니다.

君子知此之謂[聖人.□□□□□]
군 자 지 차 지 위　성 인

군자가 이러한 이치를 알면
聖人이라 부릅니다. ……

* □□□□□는 판독이 불가능한 글자임.

- 太一^{태일}: 창생자. 창조주. 우주의 본체이며 만물의 궁극적인 창시자. '太'는 위대함을, '一'은 불이^{不二}을 뜻한다. 태일^{太一}은 우주에서 가장 위대하고도 유일한 신^(神 God)이다. 태일은 스스로를 본체로 삼아 존재하고^(自本自根), 유^有와 무^无를 통섭하는 창생자다. 태일^[道]은 水를 창생하고, 天地라는 공간을 생성하였다. 태일은 시간운행에 직접 관여하지 않는다. 우주의 운행과 만물의 생멸을 반복하는 시간운행은 道·水에 의하여 이뤄진다.
- 水^수: 태일이 天地보다 먼저 창생하였으며 시간과 생명의 창조주. 태일과 水는 창생과 피창생의 관계에 있으면서 또한 상호의존 관계에 있다. 水는 태일의 구현체로서 신성^{神性}이며 道를 상징한다.
- 反輔^{반보}: 보조자인 水는 창생의 공능이 없으나, 피보조자인 太一은 창생의 공능이 있는 일방적 관계다.
- 復相輔^{복상보}: 쌍방이 보조자이면서 동시에 피보조자이므로, 모두 생성^(발생)의 공능이 있다. 쌍방적 관계다.
- 四時^{사시}: 4계절
- 創生^{창생}: 무^无에서 유^有를 이루는 것. 창조 → 창생론. 창조론.
- 形成^{형성}: 유^有에서 유^有를 이루는 것. 출생. 생산 → 형성론. 발생론. 유출설^{流出說}. 부판설^{剖判說}
- 生成^{생성}: 생겨나게 하는 것. 〈생성^{生成}=창생^{創生}+형성^{形成}〉

• • •

우주 생성

〈태일생수〉는 선진^{先秦} 철학사에서 가장 완정^{完整}하고 독특한 우주생성론이다. 우주생성에 관해서 본체^{太一}와 현상^(水, 天地 등); 정신요소^{神明}와 물질요소^(水, 天地 등); 시간요소^(四時, 歲)와 공간요소^(天地); 자연계의 성질^(陰陽)과 상태^(冷熱, 濕燥) 등 각종 요소가 〈태일생수〉에 망라되어있다. 이장의 삼위일체론은 김용옥의《노자와 21세기》8장과 25장 그리고 곽기^{郭沂}의 〈태일생수^{太一生水}〉 해설로부터 유추해낸 개념이다. 김충열의《노자강의》도 도움이 되었다.

1. 〈太一·道·水〉의 삼위일체론

노자 명언하면 먼저 통행본 제8장의 "상선약수^{上善若水}"를 떠올린다. "물^水"은 자신을 항상 낮추기 때문에 누구와도 다투질 않으며 때를 잘 맞추어 움직이되 가는 곳마다 만물을 이롭게 하는 생명의 근원이다. 《노자》에 관한 최초의 주해서라 할 수 있는 《한비자》〈해로〉편에서 "道를 비유하면 물과 같은 것이다^{道譬諸若水}"라고 하였고, "물은 거의 道와 같은 것^{水幾于道}"이며, "태일은 물을 창생^{太一生水}하였다고 하였다.

〈태일생수〉조는 마치 성서의 〈창세기〉나 〈요한복음〉의 첫 구절을 연상케 하는 우주생성론으로 1장과 상통하는 내용이다. 1장의 첫 구절 "유상혼성^{有狀混成}, 선천지생^{先天地生}"은 〈혼돈되어 이루어진 것이 있었으니, 천지가 생겨나기 전이었다〉라는 뜻이다. 천지가 생겨나기 전에 이미 혼성된 것이 있었다는 말인데, 혼성된 것이 무엇이고 그것을 누가 생겨나게 했을까?

그 답은 '太一生水'에 들어있다. 혼성된 것은 '水'이고, 창조주는 '太一'이다. 태일이 천지보다 먼저 일방적으로 无에서 水^有를 창생하였는데, 그 水의 모습이 혼성되어 있는 것이다. 태일은 시간 밖에서 고고하게 존재 할 뿐, 우주의 운행과 만물의 생멸에 직접관여하지 않는다. 그러나 시간 속으로 진입하게 되면, 道·水가 모든 일을 맡아 행한다. 우주의 운행질서와 만물의 생멸은 道·水와의 관계 속에서 이뤄진다. 이렇게 태일과 道·水는 서로 개념의 차이가 있으면서도 동일한 신격의 존재다. 太一은 우주에서 가장 위대하고도 유일한 신(神 God)으로서, 道는 천지창생 전부터 존재하고 있던 신령^{神靈}으로서 둘 다 우주의 본체이며, 水는 물(H_2O)이라는 물질이 아니라 시간과 생명의 창조주이고 太一의 작용이며 道를 상징한다.

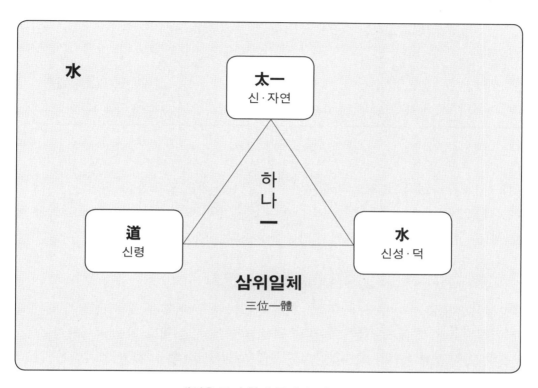

태일은 물과 함께 존재 太一藏于水

이에 관한 개념을 편의상 '해'에 비유하여 부연해 보겠다. 해는 고고하게 존재하지만, 자신으로부터 햇빛을 뿜어내 온 천하에 골고루 비추어주고, 만물은 햇볕의 따뜻한 기운을 받아서 생동한다. 〈해·햇빛·햇볕〉의 세 가지로 구분이 되지만, 〈햇빛·햇볕〉은 '해'의 나타남에 불과하므로, 결국 본체는 하나의 '해'이다. 이처럼 노자가 말한 〈太一·道·水〉도 하나라는 것이 삼위일체론三位一體論이다.

삼위일체	신 神	신령 神靈	신성 神性
태양	해	햇빛 밝음	햇볕 따뜻함
노자	태일 太一 *자연 自然	도 道: 곡신 谷神·현빈 玄牝 *도기 道祇·성 誠	수 水: 덕 德 *무위 无爲·유약 柔弱·청정 淸靜
그리스/ 기독교 철학	성부 聖父 God	성령 聖靈 the Sprit of God	성자 聖子: 말씀. 예수 the Word. Logos

[참고]

1. 고대 동양사상가들은 道자로써 삼위의 개념을 은유적으로 표현. 太一이나 水자로 써야 할 곳에도 道자를 썼다. 다시 말해 太一이나 水는 道의 베일 뒤에 가려있는 것이다.

2. 聶中慶은 '道란 만물에 내재하면서 만물을 화육하는 것으로 이를 도기 道祇'라 했다. 도기 는 〈신령·신명·우주의 혼〉이라는 형이상 形而上의 용어다. 자사 子思는 도기를 '성 誠'이라 했다. 〈섭중경의 책 219쪽.《대학 초간오행》229쪽.〉

3. 신영복선생이 좁은 감옥에서 20년을 버티며 살아나게 한 것은 햇빛·햇볕 때문이었다고 한다. 해는 보지 못해도 창문으로 삐뚤게 들어와서 2시간 정도 머물다 사라지는 신문지 크기의 햇빛·햇볕을 기다리는 것만으로도 축복이라 생각하며 지냈다고 한다.

4. 성령·성자(예수)는 인간을 구원하기위해 인간 세상에 나타났다고 하는데, 道·水[햇빛·햇볕] 는 만물의 생명을 구원하기위해 천하에 나타나는 것이다.

태일은 水라는 有의 도움을 받아서 天地를 생겨나게 한다. 이 점에서 보면 외형상으로는 형성 발생된 것이라 할 수 있다. 그런데 그것은 쌍방적 관계인 '복상보 復相輔'가 아니라 간접적으로 도움을 받아 일방적으로 天地를 생겨나게 하였다는 '반보 反輔'의 관계이므로 창생이다. 天地의 생겨남에는 창생과 형성의 의미가 함께 들어있다. 그래서 水는 창생된 것이고, 天地는 생성된 것으로 번역한 것이다.

태일이 天地를 생성한 다음에:

天地의 쌍방적 관계에 의하여 神明이 유출되어 생기고,

神明의 쌍방적 관계에 의하여 陰陽이 유출되어 생기고,

陰陽의 쌍방적 관계에 의하여 四時가 유출되어 생기고,

四時의 쌍방적 관계에 의하여 滄熱이 유출되어 생기고,

滄熱의 쌍방적 관계에 의하여 濕燥가 유출되어 생기고,

濕燥의 쌍방적 관계에 의하여 歲1년가 생겨난 것이다.

이를 종합하면, 태일은 无에서 水를 직접 창생하였고(created), 天地라는 공간을 직접 생성하였다(made). 그리고 性의 요소(신명·음양·냉열·습조)와 시간요소(四時·歲)는 태일이 道·水로 하여금 작용토록 하여 형성한 것이다(produced). 이 장에는 창생론·생성론과 형성론(발생론)이 모두 들어있는 것이다.

2. 태일은 물과 함께 있다

"太一藏于水, 行于時"는 〈시간의 운행을 함에 있어, 태일은 水와 함께 있다〉는 말이다. 이를 풀어보면 〈태일은 언제나 水와 함께 天地라는 공간 속에서, 1년을 주기로 운행하는 끝없는 시간 여행을 한다〉는 뜻이다. 태일은 水·天地를 창생하는 일로 임무를 마친다. 그 다음 4계절이 변화하면서 흘러가는 끝없는 시간의 흐름 속에서 만물의 생멸에 작용하는 일은, 태일의 구현체인 水가 自然의 순리에 따라서 진행한다. 그런데 고전에서 사람들은 '水'자로 직접 표현하지 않고, 水를 은유적으로 상징하는 '道'자나 '一'자를 즐겨 썼다. 따라서 글에 따라서는 '水'로 바꾸어야지 바르게 해석할 수 있게 된다.

예를 들어 통행본 제39장의 전반부를 해석해보자.

「昔之得一者: 天得一以淸, 地得一以寧, 神得一以靈, 谷得一以盈, 萬物得一以生, 侯王得一以爲天下貞.」 이 구절에 나오는 '一'은 무엇인가?

김충열은 "사람들은 '一'을 '道'라고 풀이하는데, 그렇다면 지금까지 써오던 '道'를 버리고 굳이 '一'이라는 용어로 바꾸어 쓴 까닭이 무엇이라는 말인가?"라고 의문을 제기한다.

'一'을 '水'로 보면, 의문도 해소되고, 문맥도 매끄럽다.

〈옛날부터 물을 얻어서 이루어진 것들이 있는데: 하늘은 물을 얻어 청명淸明할 수 있었고, 땅은 물을 얻어 영정寧靜할 수가 있었고, 신명(神明 천지의 혼)은 물을 얻어 영묘靈妙할 수가 있었고, 계곡은 물을 얻어 충만할 수가 있었고, 후왕은 물을 얻어 천하를 안정시킬 수 있었다〉라고 의역하면 그 뜻이 쉽게 가슴에 와 닿는다. 이 얼마나 부드러운 해석인가.

노자철학에서 만물은 창조의 대상이 아니라, 공간과 시간의 흐름 속에서 음양의 동정動靜에 따라 생멸하는 과정태過程態일 뿐이다.〈김용옥, 노자와 21세기, 上243쪽·下72쪽〉 "일결일영一缺一盈"은 〈한쪽이 부족하면 다른 한쪽이 남게 되어 그 총량은 변함이 없다.〉는 뜻이다. 이는 마치 에너지 보존의 법칙을 말하는 것 같다.

태일장어수太一藏于水

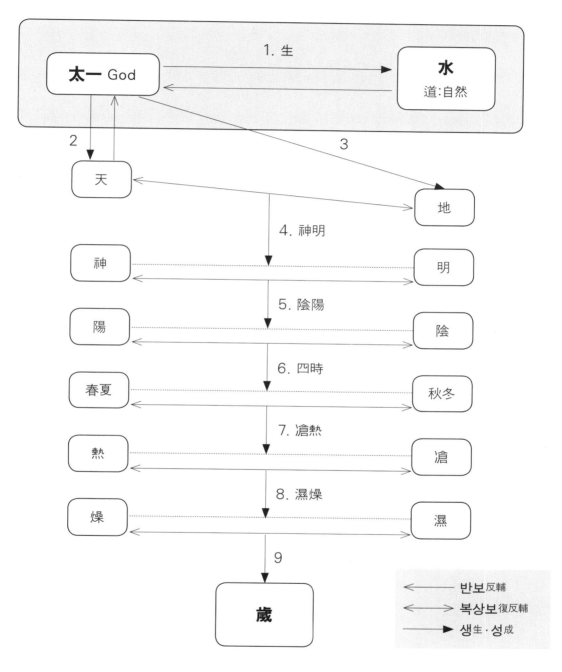

우주생성도

[참고] 〈太一生水〉 관련 문헌

- 《상서》〈홍범〉: 오행을 〈水火木金土〉순으로 기술하였다. 〈太一生水〉와 같이 水를 오행 중에서 첫째로 꼽았다.

- 《주역周易》〈계사전系辞傳〉: 〈태극太極, 양의兩儀, 사상四象〉은 〈태일太一, 천지·신명·음양, 사시四時〉와 상응相應된다. 이런 개념은 〈태일생수〉가 《주역周易》의 영향을 받은 것으로 보는 견해다.

- 《예기禮記》〈예운礼運〉: '太一'은 도가道家만이 지닌 개념이 아니다. 《예기禮記》〈예운礼運〉에도 〈太一生水〉와 비슷한 글이 나온다. 〈是故夫礼必本于太一, 分而爲天地, 轉而爲陰陽, 变而爲四時, 列而爲鬼神.…〉

- 《관자管子》〈수지水地〉: "水란 무엇인가? 만물의 근원이다.〈水者何也? 萬物之本原也.〉"라고 했다.

- 《장자》〈천하天下〉: 다음의 글은 〈태일생수〉의 영향을 받아 쓴 글로 본다.
  "만물의 근본根本은 정묘精妙하나 그 형체形體는 조잡粗雜한 것이며, 쌓을수록 욕심이 생겨 부족함을 느끼고 비울수록 맑아져 '신명神明'이 머무른다고 보는 도가道家들이 있었다. 관윤關尹과 노담老聃이 그러한 사람이었다. 이들은 유무상생有无相生의 학설을 건립하였고, 천지창생天地創生의 주체를 '태일太一'이라 했으며, 유약柔弱과 겸허謙虛를 표방하고, 마음비움[空虛]과 만물을 훼손毀損하지 아니함을 강령으로 삼았다. … "

- 《여씨춘추呂氏春秋》〈대악大樂〉: 우주생성과정을 기술한 글이 〈태일생수〉와 같다. 〈太一出兩儀, 兩儀出陰陽. … 天地車輪, …. 四時代興, 或暑或寒, …, 萬物所出, 造于太一, 化于陰陽.〉

- 윤진환尹振環: "德은 道의 구현具現이다德是道的体現." 〈그의 2008년판 책 145쪽〉

- 주돈이周敦頤의 《태극도설太極圖說》: 〈부록 I - 6〉

天道貴弱,
천 도 귀 약

천도는 유약柔弱함을 귀하게
여기므로,

削成者以益生者.
삭 성 자 이 익 생 자

융성한 것은 약화시켜 새로
생기는 것에 유익하게 합니다.

伐于强, 責于 [堅, 以輔柔弱.]
벌 우 강 책 우 견 이 보 유 약

강한 것을 제거하고, 견고한 것을
무력하게 하여, 유약한 것을 도와
줍니다.

下, 土也, 而謂之地;
하 토 야 이 위 지 지

아래에 있는 것이 土(land)인데,
이를 地(the earth)라 부르고,

上, 氣也, 而謂之天.
상 기 야 이 위 지 천

위에 있는 것이 氣(sky)인데,
이를 天(the heavens)이라 부릅니다.

道亦其字也, 請問其名?
도 역 기 자 야 청 문 기 명

道는 그것[天地]의 별명인데,
그 이름은 어디에 쓰일까요?

以道從事者, 必託其名,
이 도 종 사 자   필 락 기 명

道를 행사하는 사람은,
반드시 그 이름에 의지해야,

故事成而身長;
고 사 성 이 신 장

일을 성사시키고 신체도 장수할
수 있으며;

聖人之從事也, 亦託其名,
성 인 지 종 사 야   역 락 기 명

성인도 일을 함에 있어서는,
그 이름에 의지해야,

故功成而身不傷.
고 공 성 이 신 불 상

성공도 하고 신체도 해롭지
않습니다.

天地名字並立, 姑過其方,
천 지 명 자 병 립   고 과 기 방

天地라는 이름과 ^(道라는) 별명은
혼용하는데, 잠시 이름을 道에게
빌려준 것이므로,

不思相[當.
불 사 상   당

^(天地와 道가) 대등하다고 생각할 필요
는 없습니다.

天不足]于西北, 其下高以强;
천 부 족   우 서 북   기 하 고 이 강

天이 서북쪽에 부족함이 있으면,
동남쪽을 높여 강하게 하고;

地不足于東南, 其上[高以强].
지 부 족 우 동 남   기 상   고 이 강

地가 동남쪽에 부족함이 있으면,
서북쪽을 높여 강하게 합니다.

(다시 말하면)

[不足于上]者, 有餘于下;
부 족 우 상   자   유 여 우 하

서북쪽에 부족한 것은 동남쪽에
남음이 있다는 말이고;

不足于下者, 有餘于上.
부 족 우 하 자   유 여 우 상

동남쪽에 부족함이 있다는 것은,
서북쪽에 남음이 있다는 말입니다.

(천지는 항상 전체로 보아 균형을 이룹니다.)

※ 죽간번호 9번에 해당되는 「天道貴弱 … 以輔柔弱」의 구절이 뒤에 나오는 13번 죽간과 14번 죽간 사이에 두고 별도의 장으로 독립시켜야 한다는 주장이 있다.

- 道亦其字也도역기자야: 道는 그것의 별명이다. '그것'은 '天地'를 가리킨다. 이를 보면 道는 太一이나 天地를 두루 통칭하는 이름으로 쓰였음을 알 수 있다〈곽기의 책 143~144쪽〉.
- 姑過고과: 잠시
- 下하: 동남쪽.
  *황하 상류 함곡관函谷關에서 보면, 서북쪽은 지세가 높아 '上'이고, 동남쪽은 지세가 낮으니 '下'라 한 것이다. 서북쪽은 산이 많고 높으니 地는 넉넉한데 天이 모자란 듯 보이고, 동남쪽은 평지가 많아 天은 넉넉한데 地가 모자란 듯 보인다. 어느 한 부분만을 보면 불공不公한 듯 보이지만, 전체적으로 보면 '천하는 공평하다天下爲公'라는 말이다.
- 上상: 서북쪽

• • •

이유극강以柔克剛

　자연 변화의 규율은 유약한 것을 귀중하게 여기므로, 성숙한 것을 제거함으로써 새로 자라나는 어린 것에 유익하도록 돕는다. 모든 생명체는 성숙하여 늙으면 자라나는 2세에게 자리를 물려주고 떠나는 것이 곧 천도天道라는 말이다. 공자가 자공子貢에게 죽음에 대하여 한 말이 있다.

「사람들은 삶이 즐거워야 한다는 것은 알지만

삶 가운데에 고통도 있다는 것은 모르며,

늙어서 힘들게 되는 것은 알지만

늙어서 편안함이 온다는 것은 알지 못하고,

죽음에 대한 무서움만 알지

죽음이 휴식을 준다는 사실은 모르고 있다.」

《열자》

한 때 큰 무리를 거느리며 위엄을 부리던 사자가 늙어 힘이 없어지면 힘 센 젊은 사자에게 자리를 물려주고, 그 무리를 벗어나 홀로 다니다가 한 생을 마감하는 모습이 떠오른다. 온갖 생명체들이 마찬가지다. 사람도 천도를 벗어날 수는 없다. 생로병사生老病死야 말로 천도다.

天地는 道로부터 생성되어 나온 것이므로 이를 구별해서 써야한다. 그런데 사람들은 흔히 '天地'라는 이름과 '道'라는 별명을 구별하지 않고 혼용한다. '道'라고 말해야 할 경우에, '天地'라고 말한다는 뜻이다. 혼용한다고 해서 '道'와 '天地'의 지위가 같아지지 않는다. 그렇다고 반드시 구별해서 써야할 이유도 별로 없다.

'道'와 '太一'의 관계도 마찬가지다. 太一은 본체이고, 道는 태일의 영靈인데도, 사람들은 흔히 이 둘을 구별하지 않고, 모두 道라고 한다. 道라고 부른다고 해서 道와 太一이 같아지는 것은 아니지만, 구별해서 써야할 필요성도 별로 없다. 둘은 한 몸이기 때문이다.

천하에서 물보다 더 유약한 것은 없다. 그런데 단단하고 강한 그 어떤 것도 유약한 물을 이겨내지 못한다. 세상에서 가장 부드러운 물체인 물이 단단한 바위를 뚫는다〈수적석천水滴石穿〉. 이 유약한 물을 얻어야 하늘이 맑아지고,

땅이 안정을 이루며, 계곡에 물이 흘러 만물이 활기^{活氣}차게 생동하는 것이다. 물은 유약하면서도 언제나 아랫자리에 처하기에 이기지 못하는 것이 없다. 그래서 물을 '곡신^{谷神}', '천하모^{天下母}', '식모^(食母천하를 먹여 살리는 어머니)'라고 했다. 살아 있는 사람의 몸과 자라나는 식물은 부드럽고 연하다. 그러나 죽은 몸과 자라지 않는 나무는 굳고 단단하다. 단단한 나무는 부러질 뿐이다.

군대가 강하면 강할수록 멸망의 길로 빨려 들어갈 것이라고 노자는 강조한다. 적을 이기는 방법은 군사력을 강화하는 데 있지 않다는 말이다. 한반도의 평화통일은 어떻게 해야 이뤄질 수 있는가? 그 방법은 이유극강^{以柔克剛}에서 찾아야한다.

※통행본《도덕경》제76장:

人之生也柔弱, 其死也堅强. 草木之生也柔脆, 其死也枯槁. 故堅强者死之徒, 柔弱者生之徒. 是以兵强則滅[不勝], 木强則折. 强大處下, 柔弱處上.	사람이 살아 있으면 유약하지만, 죽으면 단단하고 강해집니다. 초목이 살아 있으면 유약하지만, 죽으면 말라 딱딱해집니다. 단단하고 강한 속성은 죽음에 속하는 것이고, 유약한 속성은 생존에 속하는 것입니다. 군대가 강하면 멸망에 이르고, 나뭇가지가 강하면 꺾이는 법이지요. 그래서 강한 것은 아래에 위치하고, 유약한 것이 위에 위치하는 것입니다.

노군암 석상老君巖 石像 〈복건성 천주泉州 청원산淸源山〉

갑골문에서는 '聖'자 중에서 뜻을 나타내는 '耳'자를 아주 크게 그리고, 'ㅁ'자는 그 옆에 조그맣게 그려 붙였다. 입으로는 적게 말하고 천지의 소리는 예민하게 잘 듣는 사람, 노자는 그러한 성인聖人이다. 노자의 성은 이李씨인데, 태어날 때 아주 큰 귀와 하얀 눈썹 그리고 흰 수염까지 달고 태어났다. 그래서 그 아이의 이름을 이이李耳라고 지었고, 별명으로 '노담老聃'이니 '노자老子'라고 불렀다는 전설이 있다. '담聃'자는 큰 귀 또는 귓바퀴가 없다는 뜻이다. 석상에 잘 나타나 있다. 두 귓불이 아주 커서 얼굴의 전부처럼 보인다.

노자는 부드러움으로써 강함을 이긴다는 '이유극강以柔克剛'을 주창했다. "단단하고 강한 것은 죽음의 무리이고, 부드럽고 유약한 것은 생명의 무리다. 강하고 큰 것은 낮은 곳에 자리하고, 부드럽고 유약한 것이 높은 곳에 위치한다."세상의 가장 유약한 것이 세상의 가장 단단하고 억센 것을 이겨낸다. 물은 부드럽고 돌은 단단하지만, "물방울이 단단한 바위에 구멍을 뚫는다"는 말이다. 노자는 우리에게 부드럽고 유약하라고 가르친다. 여성이 남성을 이기는 주된 원인은 유약하고 정숙靜淑하면서도 아래에 처할 수 있는 겸허함 때문이다. 이런 면에서 여성은 물로 만들어졌고, 남성은 흙으로 만들어졌다는 말이 나온 것이다〈홍루몽〉. 그래서 노자는 암컷여성을 道의 체현자이며 천하의 어머니라고 불렀다.

부 록 I

1. 초간본과 주요 판본들

1.《노자》의 주요 판본들

그동안 우리에게 잘 알려진 주요 판본들을 간략히 소개한다.

1) 백서본《노자》

1973년 호남성 장사^{長沙} 마왕퇴^{馬王堆} 한묘^{漢墓}에서 비단[帛]에 먹으로 쓰여 있는 2종의《노자》를 발굴했다. BC240년 후에 진나라의 통일 서체인 소전체로 쓴 것을 '백서본·갑', BC170년 전에 예서체로 쓴 것을 '백서본·을'이라 부른다. 갑본에는 한고조의 이름인 '방^邦'자가 나오나 을본에서는 '방'자 대신 '국^國'자를 쓰고 있어 갑본을 을본보다 앞선 시기에 필사한 것으로 본다. 백서본은 덕경^{德經}부분이 앞에 나오고 도경^{道經}부분이 뒤에 나와 〈덕도경^{德道經}〉이라고도 부른다. 이러한 체제는《한비자》〈해로〉와 하상공본도 비슷하다. 태사담의 〈5천자 노자〉도 같을 것이다. 〈도덕경〉이라 부르는 통행본과는 순서가 다를 뿐, 거의 같은 계통의 판본이다. 중요한 것은 반유가적 글이 백서본

에 처음 등장한다는 점이다. <참조: 부록5 《한비자》〈해로·유로〉

2) 왕필본 《노자》

위魏나라의 천재 사상가 왕필王弼이 18세 때(243년) 주석을 단 책으로 유명하다. 오늘날 흔히 말하는 《도덕경》이라는 책은 대부분 이 왕필본을 가리킨다. 송나라 이후에 목판으로 인쇄된 것이 전해지고 있다.

3) 하상공본 《노자》

한漢나라 문제文帝가 주는 벼슬을 거절하고 하상河上에 살았다는 도인이 지은 것으로 본다. 이름이 불명하여 '하상공河上公'으로 전해진 이 책은 왕필본 보다 앞선 것으로 보는 견해가 있다. 하상공본은 돈황에서 목간 형태로 발견된 것도 있고, 당나라 때의 석비에 새겨진 것도 있다.

4) 부혁본 《노자》

당나라 초기 도사 부혁傳奕이라는 사람이 왕필본과 하상공본 등을 참고하여 만든 것이다.

5) 개원어주본 《노자》

당나라 현종 이융기(李隆基. 712~756)가 개원開元 20년에 직접 주석하고 도교의 사원에 석비를 만들어 새기도록 한 것으로 이를 개원어주본開元御註本이라 부른다. 당나라 황실에서는 노자를 같은 이李씨 성을 지닌 종친이라 하여 신격화하고 숭배하였다.

2. 초간본과 함께 나온 곽점1호 초묘楚墓 출토품

출토된 유물 연구에 의하면, 무덤 주인의 하장下葬 연대를 전국시대 중기인 BC350 ~ BC290년으로 본다. 당시에는 병가兵家, 법가法家, 종횡가縱橫家 들의 인기가 높았던 시기였다. 무덤 주인은 사士계급에 속하고, 출토된 칠이배漆耳杯에 쓰인 '동궁지사東宮之師'라는 명문銘文으로 보아 초楚나라 태자의 스승이었을 것으로 추정한다. 동궁東宮에서 태자를 가르치는 대학자이었기 때문에 각 분야의 학술자료가 대량으로 부장되었다고 보는 것이다.

칠이배는 '칠방이배漆方耳杯'라고도 부른다. 이는 초나라 때의 술잔으로 장사초묘長沙楚墓 등 여러 곳에서 16건이 출토되었다. 재질은 통 소나무다. 겉은 검은 칠, 안은 붉은 칠을 했는데, 색깔이 지금도 선명하다. 밑바닥에 초楚 문자로 '東宮之師'라는 명문銘文이 쓰여 있는데, 끝 자를 '杯'자로 보기도 한다. 긴 쪽 길이가 18.5cm다. 〈형문(邢文)의 책 18~19쪽〉

칠이배漆耳杯에 새겨진 글자　　　　　　　　칠이배漆耳杯

출토된 부장품으로는 칠이배漆耳杯, 동검(銅劍길이 75.4cm), 동과銅戈, 동피(銅鈹긴 창), 동경銅鏡, 구장(鳩杖지팡이), 옥대구玉帶鉤 등이 있다. 특히 구장鳩杖은 왕이

고관이었던 고령의 노인에게 주던 풍습으로 보아 묘지 주인은 연로했던 것으로 추정한다.

    곽점 초간^{楚簡}은 총 804매인데, 도가 문헌과 유가 문헌의 글자가 쓰여 있는 것이 730매다. 이 중 도가 문헌에 관한 것은 85매다. 85매는 모양과 길이에 따라 3종류가 있다. 가장 긴 것 39매를 갑조^{甲組}라 하고, 중간 것 18매를 을조^{乙組}라 한다. 갑조와 을조는 춘추시대 말에서 전국시대 초에^(B.C.480~B.C.450년) 노담^{老聃}이 작성한 것으로 본다. 나머지 28매는 B.C.384년 후 윤희^{尹喜}가 작성한 것으로 서체, 모양 및 길이가 똑 같다. 그런데, 형문시박물관은 28매 중 14매를 병조^{丙組}로 하고 14매를 태일생수^{太一生水}조로 구분하였다.

조 구분	저자 (노자)	초간 수	초간 모양	초간 길이	편선 간격	각 매당 평균 자수	글자 수 (楚國 문자)
갑조:1편	노담	39매	양끝: 사다리꼴	32.3cm	13cm	30자	1170자
을조:2편		18매	양끝: 수평	30.6cm		28자	510자
병조:3편	관윤 (윤희)	14매	양끝: 수평	26.5cm	10.8cm	23자	322자
태일생수조:4편		14매					303자
계		85매					2305자

[참고]

1. 초간은 끈으로 위쪽에 한 줄, 아래쪽에 한 줄로 횡으로 엮는데 이를 '편^編'이라 하고, 그 두 줄 사이의 간격을 '편선^{編線}'이라 한다.
2. 초간은 깨끗한 상태에서 사진을 찍은 후, 시험관에 넣고 증류수를 주입하여 상해 박물관에 보존하고 있다.

3. 초간에는 특이한 부호28개가 있다. 갑조에 17개, 을조에 6개, 병조에 5개다. 부호 모양은 〈마침표 ■, 글자의 반복 =, 문장의 구분 ∫〉의 세 종류다.
4. 관윤關尹: 이름은 '희喜'. 함곡관의 관리官吏. BC380년경의 진헌공秦獻公·태사담과 동시대 사람. 태일생수조는 관윤의 작품으로 BC380년경에 작성된 것으로 추정.

유가관련 저작물로는 《치의緇衣》,《오행五行》,《성자명출性自命出》,《성지문지成之聞之》,《육덕六德》,《존덕의尊德義》,《노목공문자사魯穆公問子思》,《궁달이시窮達以時》,《당우지도唐虞之道》,《충신지도忠信之道》가 있다. 그 밖의 유가와 도가의 글을 모아놓은 《어총語叢》이 있는데, 이는 교육용으로 본다.

3. 초간본과 다른 본과의 주요글자 대조

	초간본	백서본(갑·을)		통행본
1장	有狀混成 天下母 王大,地大,道大, 王亦大	有物混成 天地母 道大,王大,地大, 王亦大	25장	有物混成 天下母 道大,王大,地大, 王亦大
3장	致虛,恒也;守中篤也 萬物方作 居以須復也 天道員員	致虛,極也 ;守靜,篤也 萬物旁作 吾以觀復也 을 天物云云 갑	16장	致虛極; 守靜篤 萬物竝作 吾以觀復 夫物芸芸
4장	合然怒 知和曰明	會而脧怒 知和曰明 갑	55장	合而全作 知常曰明
5장	厚藏必多亡	-	44장	多藏必厚亡
6장	天下之物生于有 生于无	天下之物生于有 有□于无	40장	天下萬物生于有 有生于无

7장	殖而盈之 揣而群之	持而盈之 揣而銳之	9장	持而盈之 揣而梲之	
8장	絶知棄辯 絶僞棄慮 視素保樸	絶聖棄智 絶仁棄義 見素抱樸	19장	絶聖棄知 絶仁棄義 見素抱樸	
9장	在民前也 在民上也	欲先民也 欲上民也	66장	欲先民 欲上民	
11장	其事好	----	30장	其事好還	
13장	敎不敎	學不學	64장	學不學	
19장	學不學				
14장	道恒无爲也 知[足]以靜 萬物將自定	道恒无名 不欲以靜 天地將自正	37장	道常无爲 而无不爲 不欲以靜 天下將自定	
15장	大小之多易, 必多難.	大小多少, 報怨以德	63장	大小多少, 報怨以德	
20장	知之者弗言, 言之者弗知	知者弗言, 言者弗知	56장	知者不言, 言者不知	
24장	絶學无憂	絶學无憂	20장	絶學无憂	
29장	善保者不脫	善建者□拔	54장	善建者不拔	
30장	大器慢成 大音祇聲	大器免成 大音希聲	41장	大器晚成 大音希聲	
31장	信不足, 安有不信	信不足, 案有不信	17장	信不足焉, 有不信焉	
31장	故 大道廢, 安有仁義 六親不和, 安有孝慈 邦家昏亂, 安有正臣	故 大道廢, 安有仁義 六親不和,安有孝慈 國家昏亂,安有貞臣	18장	大道廢, 有仁義 六親不和, 有孝慈 國家昏亂, 有忠臣	

4. 초간본에는 없고, 통행본에 나오는 주요글자

통행본	주요글자
1장	道可道, 非常道 … 玄之又玄, 衆妙之門.
3장	不尙賢, 使民不爭, …
5장	天地不仁, …. 聖人不仁, …
6장	谷神不死, 是謂玄牝. …
7장	天長地久, … 以其不自生, 故能長生. …非以其无私耶! …
8장	上善若水. 水善利萬物而不爭, 處衆人之所惡, 故幾于道. …
10장	載營魄, 抱一, … 滌除玄覽, … 天門開闔, 能爲雌乎. … 是謂玄德.
11장	三十輻共一轂, … 无之以爲用.
14장	視之不見名曰夷, … 是謂无狀之狀, 无物之象, 是謂惚恍. …
18장	大道廢, 有仁義; … 六親不和, 有孝慈; 國家昏亂, 有忠臣.
19장	絶聖棄智,… 絶仁棄義, …
20장	衆人皆有餘, 而我獨若遺. … 貴食母.
21장	孔德之容, 惟道是從. 道之爲物, 惟恍惟惚, …
23장	飄風不終朝, 驟雨不終日.
26장	重爲輕根, 靜爲躁君. …
27장	善行无轍迹, 善言无瑕適, 善數不用籌策. … 是謂要妙.
28장	知其雄, 守其雌, 爲天下谿. … 復歸于无極. … 大制不割
29장	… 天下神器, 不可爲也. …
36장	… 將欲取之, 必固與之. 是謂微明. …
38장	上德不德, 是以有德. … 故失道而後德, …

39장	昔之得一者: 天得一以淸, 地得一以寧, 神得一以靈, 谷得一以盈,
42장	道生一, 一生二, 二生三, 三生萬物.
43장	天下之至柔, 馳騁天下之至堅.
47장	不出戶, 知天下; 不窺牖, 見天道.
51장	道生之, 德畜之, 物形之, 勢成之. … 是謂玄德.
60장	治大國若烹小鮮.
61장	大國者下流, 天下之交, 天下之牝, …
62장	道者, 萬物之奧, …
63장	… 大小, 多少, 報怨以德, …
65장	古之善爲道者, 非以明民, 將以愚之. … 玄德深矣遠矣, 與物反矣. …
67장	… 我有三寶, … 一曰慈, 二曰儉, 三曰不敢爲天下先.
69장	用兵有言, … 禍莫大于輕敵, …
71장	知不知, 上; 不知知, 病.
77장	天地道其猶張弓與. … 人之道, 則不然, 損不足以奉有餘.
78장	天下莫柔弱于水, … 正言若反.
79장	和大怨, 必有餘怨, …
80장	小國寡民, 使有什伯之器而不用 … 民至老死不相往來.
81장	信言不美, 美言不信; 善者不辯, 辯者不善; …

5. 초간본은 완정하며 유일한 원본

<참조: 郭沂 책 482~484쪽, 김충열 책 27~28, 33~36쪽>

초간본을 발굴하여 정리한 학자들은 처음에 분량이 통행본보다 적은 까닭을 죽간이 도굴로 인한 손상이 있었을 것으로 의심하였다. 그러나 최종 연구결과는 '초간본은 그 자체만으로 완정完整하다'는 것이다. 초간본의 특징을 살펴본다.

1) 초간본에는 형이상적 난해한 용어가 없다.

초간본의 용어는 질박하다. 앞 표 통행본의 1장, 6장, 10장, 11장, 14장, 21장, 26장, 27장, 28장, 38장, 39장, 42장, 47장, 51장, 62장, 65장에 나오는 "玄"이나 "奧"자와 같은 난해한 용어가 없다.

2) 초간본에는 권모술수의 용어가 없다.

초간본 제9장	백서본(통행본 제66장)
聖人之在民前也, 以身后之; 其在民上也, 以言下之. 성인은 민중을 앞에서 이끄는 지위에 있지만, 태도가 겸손해야 하며; 민중보다 높은 지위에 있지만, 말씨도 공손해야 한다.	是以聖人之欲上民也, 必以其言下之; 其欲先民也, 必以其身后之. 성인은 민중 위에 서고 싶으면, 반드시 말을 낮추어야 하며; 민중 앞에 서고 싶으면, 반드시 자신을 뒤로 해야 한다.

성인(군주)이 "在民前", "在民上"의 경우에, "以身后之", "以言下之"하는 것은 자연스럽고 겸허한 태도다. 그런데 백서본과 통행본에는 "欲"자를 끼어

넣었다. '(속으로는) 민중의 위에 있고 싶지만 ^(겉으로는) 말씨를 낮춰야하고, ^(속으로는) 민중 앞에 서고 싶지만 ^(겉으로는) 몸을 뒤에 두어야한다'는 뜻이다. 성인이 민중을 속이는 술수를 써야한다는 말이다. 성인은 당연히 솔직해야한다. 마음속으로 흑심을 품고 위로 올라가는 수단으로 몸을 뒤에 두고, 말씨를 낮추는 모습을 보이는 것은 기만이다. 이런 모습을 보이는 사람은 권모술수가이다. 초간본에는 무위无爲의 정신이 나타나 있고, 통행본에는 유위有爲의 의도가 엿보인다. 그러한 글은 위 표에서 보는 통행본 3장, 7장, 29장, 36장, 65장에도 나온다.

3) 초간본에는 유가의 윤리에 어긋나는 글자가 없다.

　위 표에서 보는 통행본 5장, 18장, 19장, 38장 등 유가와 충돌되는 글이 초간본에는 다르게 나온다. 통행본 63장의 "보원이덕報怨以德"도 초간본에는 없다. 초간본에서는 오행聖智仁義禮을 부정하는 글이 없다. 초간본 저술 당시는 물론이고, 《한비자》〈해로·유로〉가 작성되는 BC240년까지는 도가와 유가의 갈등이 없었음을 알 수 있다.

4) 초간본은 그 자체로 완정하며 유일한 원본이다.

　만일 초간본이 도굴과정에서 일부 손실되었다고 한다면 문자의 손상이나 문구 단절이 보여야하는데, 소수의 파손된 죽간을 제외하고 죽간의 문구는 모두 완전하게 연결된다. 또 파손된 죽간 부분도 여러 판본에 의해 보완이 가능하다. 그래서 초간본의 기록은 완정完整하다고 보는 것이다. 또한 함께 출토된 다른 문헌들도 상당히 완정하다는 점도 초간본이 완정함을 뒷받

침하는 유력한 증거라고 할 수 있다.

이상에서 살펴본바와 같이 초간본은 완정한 것이고, 가장 오래된 고원본^{古原本}이다. 초간본을 태사담이 처음 증편 작업한 것이 〈5천자 노자〉이고, 이사가 〈5천자 노자〉를 다시 개작[조작]한 것이 백서본(갑)일 것이다. 백서본(갑)으로부터 백서본(을)과 통행본이 나왔을 것이다. 　　　　　　　〈참조: 부록5〉

2. 《사기》〈노자열전〉 분석(요약)

1. 노자에 관한 기록

노자에 관한 최초의 공식 기록은 사마천司馬遷이 BC91년에 완성한《사기史記》〈노자한비열전老子韓非列傳〉이다. 〈노자한비열전〉을 〈노장신한열전老莊申韓列傳〉이라고도 있다. 이를 약칭하여 〈노자열전〉이라 부른다. 당시에 쓴 것은 죽간이며, 그것이 지금 전해오는 것은 아니다. 현존하는《사기》는 사마천이 죽은 뒤 1,200여 년이 지난 남송 때 황선부黃善夫가 종합하여 목판으로 찍어낸《사기집해》130권이다. 우리가 지금 보는 것은 원저가 아니라 후대에 와서 내용이 보완된 것이고, 사마천이 글을 쓰던 당시에도 노자에 관한 자료를 수집하는 데에 한계가 있었기 때문에 오류가 있었을 것이다.

노자라는 사람과《노자》라는 책과 관련되는 오류들을 모아보았다.

1. 노자는 가공인물이다.

2. 노자는 공자보다 후대인 맹자나 장자시대와 비슷한 시대의 사람이다.

3. 〈노자열전〉에 나오는 노담^{老聃}, 노래자^{老萊子}, 태사담^{太史儋}은 동일 인물이다. 태사담은 함곡관^{函谷關}에서 윤희^{尹喜}를 만나 5천여자의 〈노자〉를 써주었다.

4. 〈노자〉 책의 글은 전후가 모순되는 곳이 있고, 장과 장이 연결되지 않는 곳이 있는 것으로 보아 그 책은 오랜 세월을 거치면서 여러 사람이 쓴 것이다.

5. 〈노자〉 책은 격언서, 정치 철학서 또는 병서^{兵書}에 속한다.

6. 유가의 인의^{仁義}를 부정한 것으로 보아 도가와 유가는 대립관계에 있었다.

이와 같은 오류들이 생긴 이유는 〈노자열전〉에 나오는 기록들이 불분명한 점도 있고, 또한 이를 잘못 해석한 점도 있다. 그러나 가장 큰 이유는 그동안 왕필본으로 알려진 개작^[조작]된 《도덕경》이라는 책이 널리 유포되어 노자사상이 잘못 알려졌기 때문이다.

〈노자열전〉은 사마천이 다음과 같은 세 가지 구전을 모아 실어놓은 것이다.

1. '노자는 초나라 곡인리^{曲仁里} 사람이고, 성은 이^李씨, 이름은 이^耳, 자는 담^聃이고 주나라 수장실^{守藏室}의 사관^{史官}이었다'는 구전.

2. '태사담^{太史儋}이라는 사람이 주나라 왕실이 쇠해지는 것을 보고 그곳을 떠나 함곡관에 가서 윤희에게 〈5천자 노자〉를 남기고 떠났다'는 구전.

3. '노래자^{老萊子}라는 초나라 사람이 있었는데, 저서가 15권이나 되며, 공

자와 같은 시대 사람이다'라는 구전.

이런 구전이 실려 있는 〈노자열전〉의 본문을 편의상 7개 문단으로 나누어 번역한다.

2. 〈노자열전〉의 본문 번역

1) 제1문단:

老子者, 楚苦縣厲鄕曲仁里人也. 姓李氏, 名耳, 字耼. 周守藏室之史也. 孔子適周, 將問禮于老子. 老子曰: "子所言者, 其人與骨皆已朽矣. 獨其言在耳, 且君子得其時則駕, 不得其時則 蓬累而行. 吾聞之, 良賈深藏若虛. 君子盛德容貌若愚. 去子之驕氣與多欲, 態色與陰志, 是皆无益于子之身. 吾所以告子, 若是而已." 孔子去, 謂弟子曰: "鳥, 吾知其能飛; 魚, 吾知其能遊; 獸, 吾知其能走. 走者可以爲罔, 遊者可以爲綸, 飛者可以爲矰, 至于龍, 吾不能知其乘風雲而上天. 吾今日見老子, 其猶龍邪!"

노자는 초^楚나라 고현^{苦縣}의 여향^{厲鄕} 곡인리^{曲仁里} 사람이다. 성은 이^李씨, 이름은 이^耳, 자를 담^耼이라 하며, 주나라 수장실의 사관^{史官}이었다. 공자가 주나라로 찾아가 예^禮에 관하여 노자에게 물었다.

노자가 말했다. "그대가 말하는 옛날 사람^(유명인들)은 이미 그 육신과 뼈가 썩어 없어져버렸고, 오직 말로만 전해지고 있을 뿐이오. 또 군자라는 사람도 때를 잘 만나면 수레를 타고 다닐 수 있지만, 때를 만나지 못하면 쑥밭을 걸어 다니는 것이오. 나는 '훌륭한 장사꾼은 물건을 깊숙한 곳에 보관하기 때문에 겉보기에는 물건이 없는 것처럼 보이며, 덕을 많이 쌓은 군자의 태도도 겉보기에는 어수룩하게 보인다'라고 들었소. ^(그대가 앞으로 훌륭한 사람이 되고자 한다면) 그대는 교만함과 욕심을 버려야 하며, 잘난 체하거나 뽐내지 말아야 하고, 쾌락을 멀리 하길 바라오. 그런 것들은 그대에게 무익한 것들이오. 내가 그대에게 당부하고 싶은 말은 바로 이것이오."

공자는 돌아가서 제자들에게 말했다. "오! 새는 날 수 있고, 고기는 헤엄칠 수 있으며, 짐승은 달릴 수 있다는 것을 나는 알고 있소. 달리는 놈은 그물을 쳐서 잡고, 헤엄치는 놈은 낚시로 잡고, 나르는 놈은 활을 쏘아 잡으면 되는 거지. 그러나 바람과 구름을 타고 하늘을 오르는 용을 잡는 방법은 알 수가 없네. 나는 오늘 노자님을 뵈었는데 마치 용과 같으시더라!"

[주]
1. 노자의 고향 "고현苦縣 여향厲鄕 곡인리曲仁里"가 오늘의 어디일까?
   〈하남성河南省 녹읍현鹿邑縣의 성동城東에 있는 곡인리曲仁里〉라고도 하고, 〈안휘성安徽省 와양현渦陽縣〉이라고도 한다. 이 두 곳 모두 노자의 고향이라고 주장한다.
2. 노자는 어떻게 위대한 학문을 완성할 수 있었을까?
   '수장실의 사관史官'은 주나라의 국가도서관 관장이다. 책·주요 문물·각종 자료를 수집하여 분류하고 관리하는 장서실의 책임자다. 이러한 환경 속에서 노자는 대량의 역사적 고급 정보를 접하고 또한 당대의 학자들을 만나 담론을 펼치면서 자연스럽게 노자의 위대한 학문을 완성할 수 있었을 것이다.

2) 제2문단:

老子脩道德, 其學以自隱无名爲務, 居周久之, 見周之衰, 迺遂去, 至關. 關令尹喜曰:"子將隱矣, 彊爲我著書." 于是老子迺著書上下篇, 言道德之意五千餘言而去, 莫知其所終.

노자는 도와 덕을 닦았는데, 그 자신을 드러내지 않는 '자은무명^{自隱无名}'을 추구한다. 주나라에 오래 머물렀는데 주나라가 쇠해지는 것을 보고 마침내 그 곳을 떠나 관(關함곡관)에 이르렀다. 관령^{關令} 윤희가 "선생님께서 이제 은둔하려고하시니, 어려우시겠지만 저에게 저서를 남겨 주십시오"라고 말했다. 그래서 노자는 도덕에 관한 5천여 자의 상·하편의 저서를 남기고 관을 떠났다. 그리고 그 뒤에는 ^(그의 행적을) 아는 사람이 없었다.

[주]
1. 5천자의 저서를 남겼다는 내용은 '태사담'에 관한 구전이고, 떠난 뒤의 행적을 아는 사람이 없었다는 내용은 '노담'에 관한 구전이다. 노담과 태사담에 관한 구전이 섞여 있는 글이다. 태사담은 함곡관을 떠난 후 진헌공을 만났으니 행적이 분명한 사람이다. 〈※곽기의 책 523쪽〉
2. '도덕에 관한 5천자의 상·하편 저서'란 흔히 〈5천자 노자〉라고 하는 책이다. 여기의 노자는 태사담이고, 저술한 때는 BC384에서 BC374년 사이, 즉 BC380년경으로 본다.

3) 제3문단:

或曰: 老萊子亦楚人也. 著書十五篇. 言道家之用, 與孔子同時云.

어떤 사람은 "노래자^{老萊子}도 초나라 사람으로 저서가 15편이 있는데 도가에 유용하게 쓰이고 있으며, 공자와 같은 시대 사람이다"라고 말한다.

[주]
• 노래자의 저서는 지금까지 알려지지 않고 있다.

4) 제4문단:

皆老子百有六十餘歲, 或言二百餘歲, 以其脩道而養壽也.

노자는 160세까지 살았다고 하고, 혹은 200세까지 살았다고도 한다. 도를 닦아 수양했으니 장수했을 것이다.

[주]
- 노담과 태사담을 같은 사람으로 보았기 때문에 이런 구전이 생긴 것이다. 두 사람의 생존한 시간 차이를 감안하면 이해되는 내용이다.

5) 제5문단:

自孔子死之後百二十九年, 而史記周太史儋見秦獻公曰: "始秦與周合, 合五百歲而離, 離七十歲而霸王者出焉." 或曰儋卽老子, 或曰非也, 世莫知其然否. 老子, 隱君子也.

공자가 죽은 후 129년^(*착오: 실재는 106년임)만에 쓴 사관^{史官}의 기록에는, "주나라 태사담이 진^秦의 헌공을 뵙고 '진나라는 처음에는 주나라와 합쳐져 하나였는데, 합쳐진지 500년 만에 갈라지고, 갈라진지 70년 만에 패왕이 될 인물이 나타날 것'이라고 하였다"고 기록되어있다. 어떤 사람은 "담^儋이 곧 노자다"라고도 하고, 또 "아니다"라고도 말하니, 세상에는 어느 말이 옳은지를 알지 못한다. 노자는 은둔한 군자다.

[주]
- 사마천이 《사기》〈진본기^{秦本紀}〉에 "獻公…四年正月庚寅, 孝公生 . 十一年, 周太史儋見獻公曰: …"로 쓰인 기록 속의 '十一年'은 '헌공11년'인데 이를 '효공11년'으로 잘못보고 공자 사후 129년으로 계산해낸 것이다. '헌공11년'은 공자 사후 106년이 되던 해로, BC374

넌이다. 〈郭沂 책 520쪽〉

6) 제6문단:

老子之子名宗, 宗爲魏將, 封于段干. 宗子注, 注子宮, 宮玄孫假, 假仕于漢孝文帝. 而假之
子解爲膠西王昂太傅, 因家于齊焉.

노자의 아들은 이름이 종宗인데, 위魏나라 장군이 되어 단간(段干고을 이름)에
봉해졌다. 종의 아들은 주注, 주의 아들은 궁宮, 궁의 현손玄孫은 가假인데, 가
는 한漢나라 효문제를 섬겼다. 그리고 가의 아들 해解는 교서왕 앙昂의 태부
(太傅천자를 돕는 직책)가 되어, 그때부터 제齊에서 살게 되었다.

[주]

• 양계초梁啓超는 노자의 8대손과 공자의 13대손이 동시대에 살았다는 것을 이해할 수 없
다고 했다. 이는 공자시대의 '노담'과 진헌공시대의 '태사담'을 같은 사람으로 혼돈하여
보았기 때문에 생긴 것이다. 그러나 여기에 나오는 '노자'는 '노담'이 아니라, '태사담'을
가리키는 것으로 보면, 이 문제는 명료하게 풀린다. 〈김충열의 책 28쪽〉

7) 제7문단:

老子者則絀儒學, 儒學亦絀老子. 道不同不相爲謀, 豈謂是邪? 李耳无爲自化, 淸靜自正.

세상에서 노자의 학문을 하는 사람은 유학을 배척하고, 유학을 하는 사
람은 노자를 배척하였다. '도가 같지 않으면 함께 일하지 않는다道不同不相爲
謀'라는 것은 이런 것을 두고 하는 말이 아닐까? 이이李耳는 무위함으로써 스
스로 변화하도록 하며 청정으로써 (사람들이) 저절로 바르게 되도록 하였다.

- 사마천이 개작본으로 인하여 유가와 도가 사이에 갈등이 심했던 당시(BC91년 경)의 분위기를 적은 것이다.

3. 〈노자열전〉의 내용 요약

위 문단을 다음과 같이 요약한다.

문단	'노자'라는 사람	시기	내용	비고
1	노자 : 노담老聃 • 이이李耳. 담聃 • 주周수장실 사관史官 • 초楚 고현 여향곡 인리曲仁里 사람	공자 17~30세 (BC534~522) *수차례 방문	공자가 주나라의 노자를 찾아가 '예禮'에 관해 물음	•《논어》〈위정 편〉'吾十有五 而志于學,三十 而立.' • 공자세가, 공자 가어, 장자 등 에 기록
2·5	노자 : 태사담太史儋	진헌공秦獻公 11년인 BC374 *공자사후 '129년' 은 착오. 실제는 '106년'.	• 도道와 덕德을 닦음. • 태사담이 함곡관 에서 윤희에게 〈5천자노자〉를 써주고 떠남 (BC384~BC374)	〈초간본〉을 증편, 〈5천자 노자〉 작성 ⇒ 한비자가 이를 보고《한비자》〈해 로〉·〈유로〉 작성 ⇒ 이사의 개작, 백서본으 로 출토
3	노자 : 노래자老萊子. • 초楚	공자와 동 시대	저서 15편 〈현재 전하지 않는다.〉	노담과 노래자는 다른 사람. *《사기》〈중니제자열전〉

6	노자 : 이종李宗의 아버지	위魏나라 때	노자→종宗→주注→ 궁宮→가假→해解	가假는 한漢의 효문제孝文帝를 섬김. 〈태사담 후손이야기로 추정〉

※ 참조: 최재목의 책 42~43쪽

4. 결어

〈다음 글은 학자에 따라 다른 견해가 있다.〉

1. 노자열전에 나오는 '노자'라는 사람은 노담老聃·태사담太史儋·노래자老萊子·이종李宗의 아버지 네 명이다. 이종의 아버지는 태사담으로 추정한다. 따라서 사실상 노자라는 사람은 세 명인 셈이다.

2. 노담老聃은 〈초간본〉을 작성한 노자사상의 비조鼻祖다. 그는 BC571 [*BC586]년에 태어나, 주周나라 수장실에서 사관史官으로 일했다. 공자는 BC548년에서 BC535년 사이에 20세 정도 연장자인 노담을 수차례 방문하여 도덕론道德論을 배워 그의 윤리관을 형성하였다. 이에 관한 글은 〈노자열전〉뿐만 아니라,《여씨춘추》와《예기》등 많은 고적에 나온다. 이런 기록으로 보아 공자보다 연장자인 노담은 실존인물이다.

※ 노자의 출생연도를 그동안 BC571년으로 보는 것이 통설이다. 이는 공자가 BC551년에 태어났고, 노자는 공자보다 적어도 20년 정도 연상일 것으로 보고 추정한 것이다. 그런데 2015년 12월에 중국 남창南昌시 해혼후海昏侯묘에서 공자출생을 BC566년으로 보는 글이 쓰여 있는 공자병풍이 출토되었다. 이에 따르면 노자의 출생년도도 15년을 올려잡아 BC586년이 된다.

3. 태사담太史儋은 BC384년에 함곡관에서 관문을 지키는 수령 윤희尹喜에게 덕德에 관한 부분을 대폭 보강한 〈5천자 노자〉 상·하권을 주고, BC374년에 진헌공을 만나러 떠났다. 사관史官 출신의 순수한 학자인 노담이나 태사담이 전통윤리를 부정할 아무런 이유가 없었던 점과 한비자가 BC240년에 작성한《한비자》〈해로〉와 〈유로〉를 보면, 태사담이 작성한 〈5천자 노자〉에는 반유가적 글이 없었음이 분명하다. '노자 병'과 '태일생수'는 함곡관에서 윤희가 쓴 것으로 본다.

※ 함곡관函谷關: 하남성河南省의 영보靈寶현에 있던 관문의 입구를, 지금은 신안新安현으로 옮겼다.

4. 〈5천자 노자〉에 반유가적 글과 우민통치에 관한 글을 끼어 넣은 사람은 진秦나라 승상이었던 이사李斯로 추정한다. 이사가 유가를 탄압할 목적으로 BC240년에서 BC212년 사이에, 〈5천자 노자〉를 개작[조작]한 것으로 본다. 그것이 백서본으로 출토된 것이다.

5. 장자, 한비자와 사마천 모두 〈초간본 노자〉를 보지 못하고, 태사담이 증편하여 지은 〈5천자 노자〉를 보았을 것이다. 〈노자열전〉에서 사마천은 노담에 대해서는 직필直筆로 기술하고, 태사담에 대해서는 곡필(曲筆간접적)로 언급하였다. 초간본이 출토됨으로써, 모호했던 직필과 곡필의 의미가 분명해졌다. 노담은 공자의 스승이었고 〈초간본 노자〉를 저술한 노자다. 태사담은 BC380년 경에 〈5천자 노자〉을 저술한 노자다. 초나라 사람이라는 노래자는 불분명한 인물이다.

※ 노자를 '인중지용(人中之龍 사람 중의 용)'이라 하고, 공자를 '인중지봉(人中之鳳 사람 중의 봉황)'이라고 불렀다.〉

6. 그 밖의 노자에 관한 쟁론: 노자가 활동하던 시대에는 이李씨 성이 없었고, 노老씨 성만이 있었다고 주장하는 사람이 있다. 또 어떤 사람은 노자의 자字는 백양伯陽이고, 담聃은 시호諡號라고도 주장한다.

〈야오간밍의 《노자강의》, 26쪽〉

3. 춘추말 열국도와 역사연대표

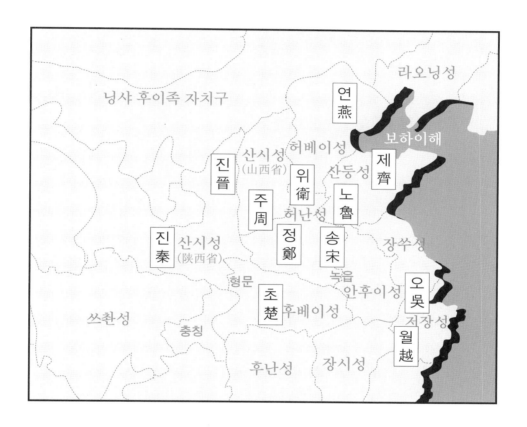

춘추시대(BC770~BC476) 말 열국도

시대			주요사건	비고
상商			BC1600~1046	동이족의 나라. 갑골문자 사용
서주西周			1046~771 주 무왕 멸 상商	무왕이 기자箕子방문
춘추 *BC: 770~476	동주 東周	주 周	770 주 평왕 낙읍洛邑천도: 　　동주東周시작 571⁽⁵⁸⁶⁾ 노자⁽노담⁾ 탄생 561 석가 탄생 551⁽⁵⁶⁶⁾ 공자 탄생 535 공자, 노자방문 520 주 왕자 조朝반란 501 노자·공자 만남 483 자사 탄생 479 공자 사망	*관중:《관자管子》⇒ 노자사 　상과 상통 624 탈레스 탄생 　　*우주의 근본은 물 610 아낙시만드로스 탄생 ※ 2015년 남창(南昌)시 해혼후(海昏侯)묘 　출토공자병풍 → 공자탄생 566년(노자 　탄생 586년) 540 헤라클레이토스 탄생 520 반란으로 학자·서적 초나 　　라로 이동 512《손자병법》 ※ 노담의 초간본《노자》(갑·을)은 춘추말 　　~전국초에 작성
전국 *BC: 475~221			475 전국시대 진입	
			440 노자⁽태사담⁾ 탄생 436 증자 사망 402 자사 사망	420《논어》 410《대학·오행》
			384 태사담·윤희 만남	380 태사담:〈5천자 노자〉 ※ 초간《노자》(병·태일생수)
			374 태사담·진헌공 만남 372 맹자 탄생 370 묵자 탄생 369 장자 탄생 325 순자 탄생 280 한비자 탄생	300 곽점 초묘楚墓 하장 240《한비자》(해로·유로)
			221 전국시대 종료	

진秦		221 진시황 천하통일 212 분서갱유	이사李斯: 〈5천자 노자〉 개작(조작) 〈BC240~BC212〉
서한西漢	한 漢	202 서한 건립 100 허신《설문해자》완성 91 사마천《사기》완성	200 백서《노자》(갑) 170 백서《노자》(을) 168 마왕퇴 한묘漢墓 하장
동한東漢		AD 25 동한 건립 105 채륜 종이발명 220 동한 멸망	AD 200 하상공《노자》
삼국(위·촉·오)·진晉		207 삼고초려(유비·제갈량)	240 왕필《노자》 　　　위魏 하안《논어집해》 중국에 불교 유입 *402 구마라집이 불경 한역

4. 초간본 원문

〈참고〉

1. 아래 사진은 형문시 박물관에서 수공手工으로 50권 한정 제작한 수초본手抄本이다.

2. 수초본은 필자가 형문시박물관에서 구입한 것이다.(2002.7.27.)

3. 착오로 갑조甲組〈19번에 '守', 23번에 '道', 37번에 '道動也弱也者'〉가 누락되어있다.

1. 갑조1: 죽간번호 1~6

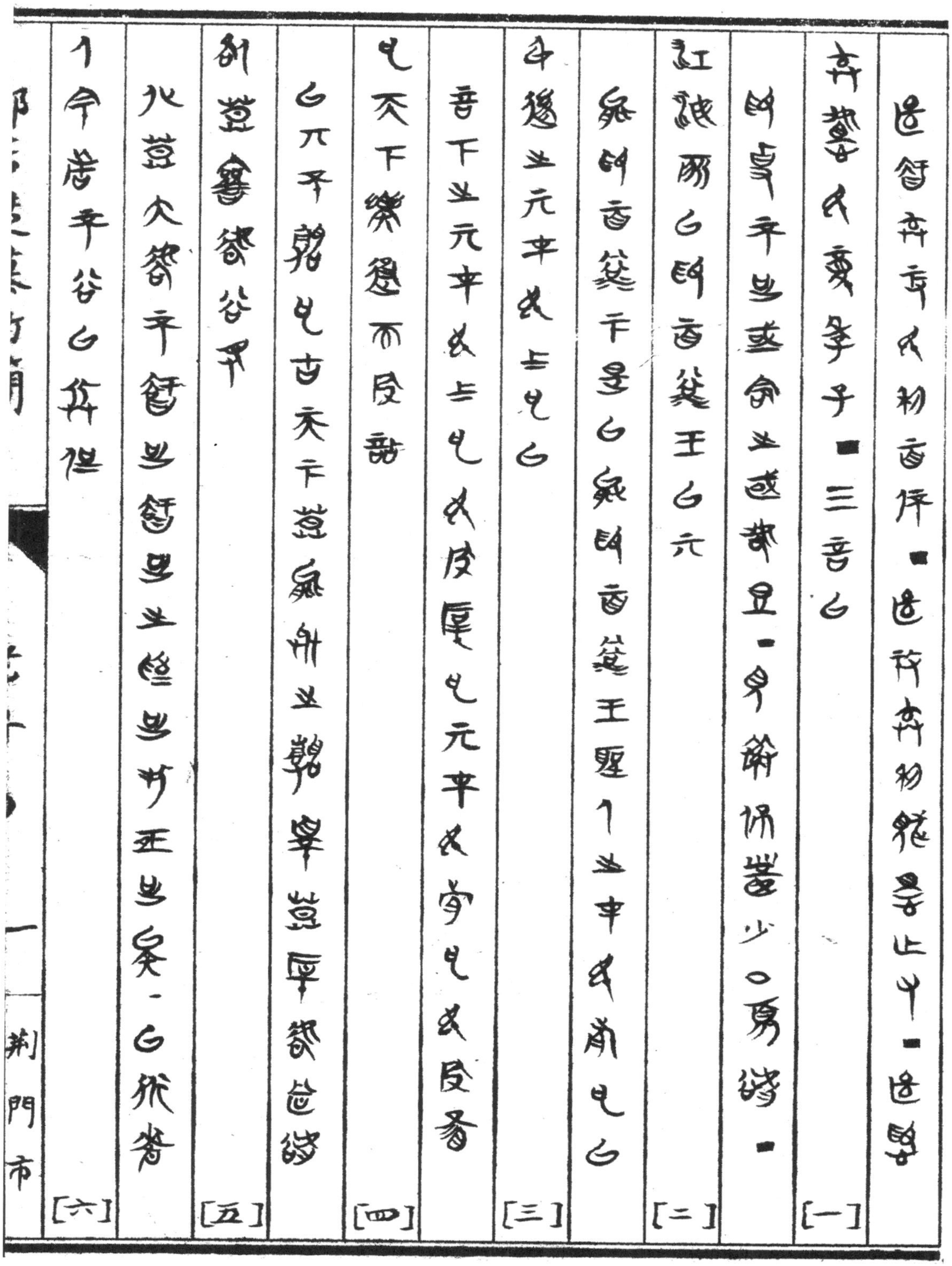

老子甲

博物館

[七]　[八]　[九]　[一〇]　[一一]　[一二]

3. 갑조3: 죽간번호 13~18

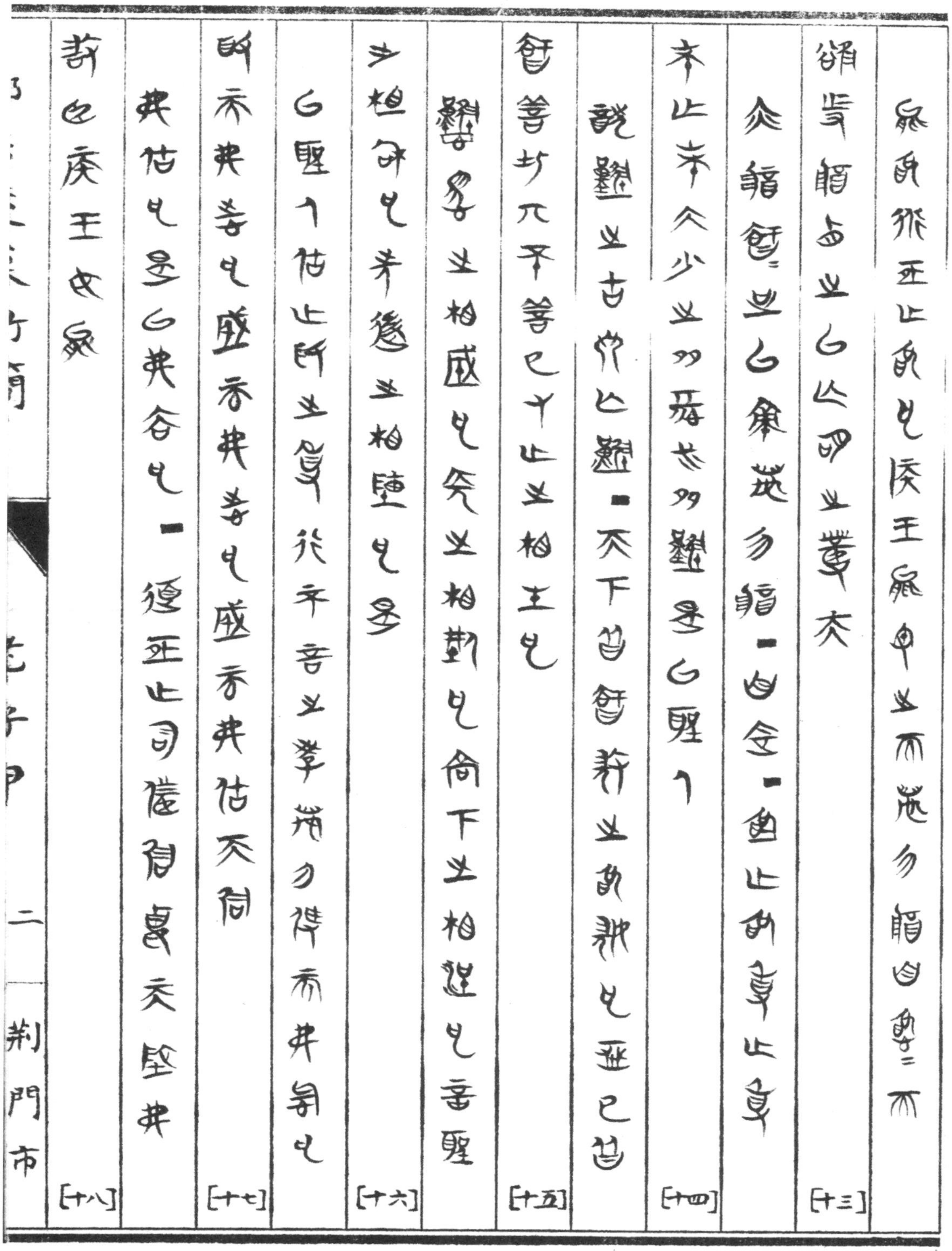

4. 갑조4: 죽간번호 19~24

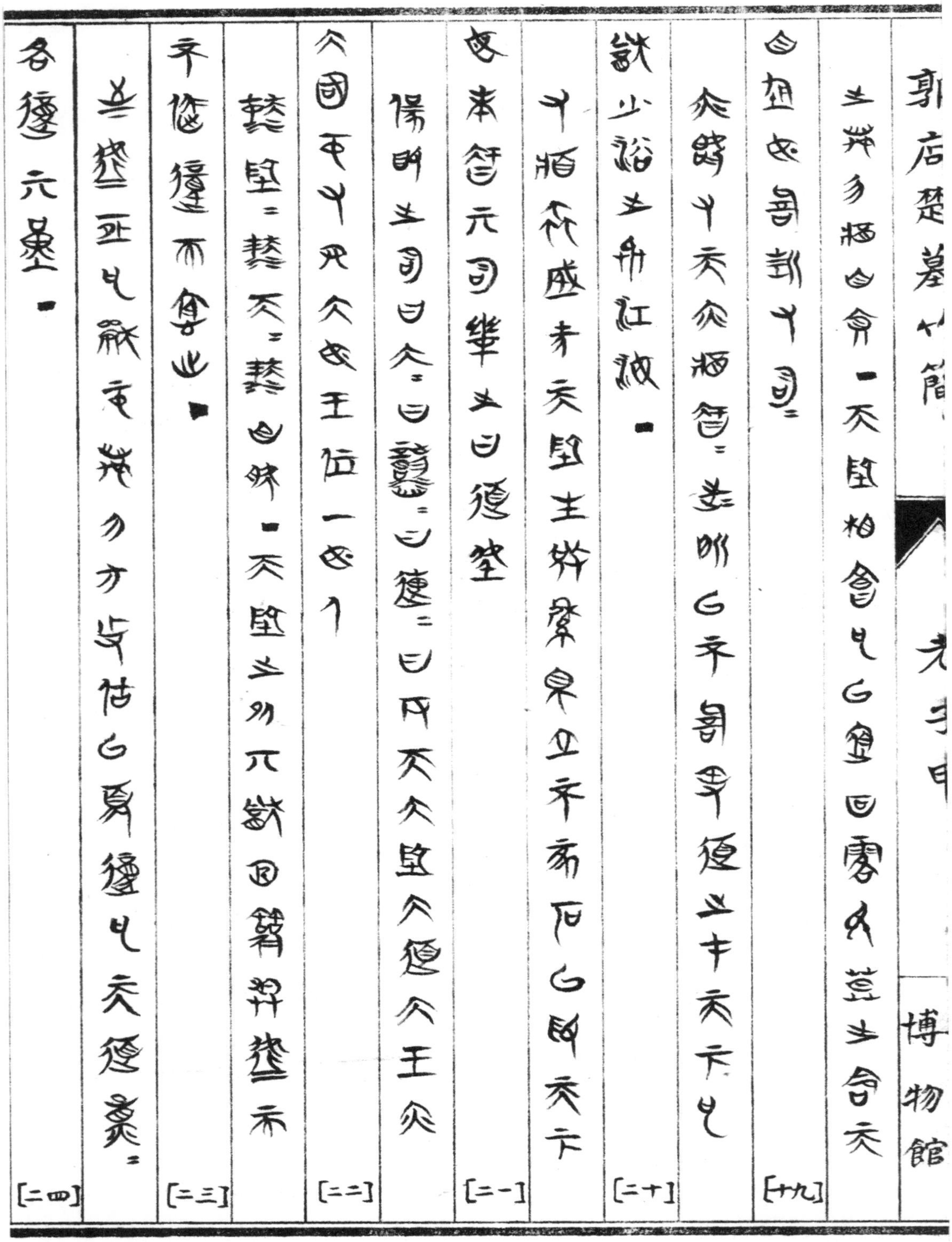

※죽간번호 19번의 글자 중에 착오로 '守'자 누락. 23번의 글자 중에 '道'자 누락.

5. 갑조5: 죽간번호 25~30

[三六] [三五] [三四] [三三] [三二] [三一]

博物館

[三九] [三八] [三七]

※죽간번호 37번의 글자 중에 착오로 6자 '道動也弱也者'가 누락되어 있다.

8. 노자 을1: 죽간번호 1~8

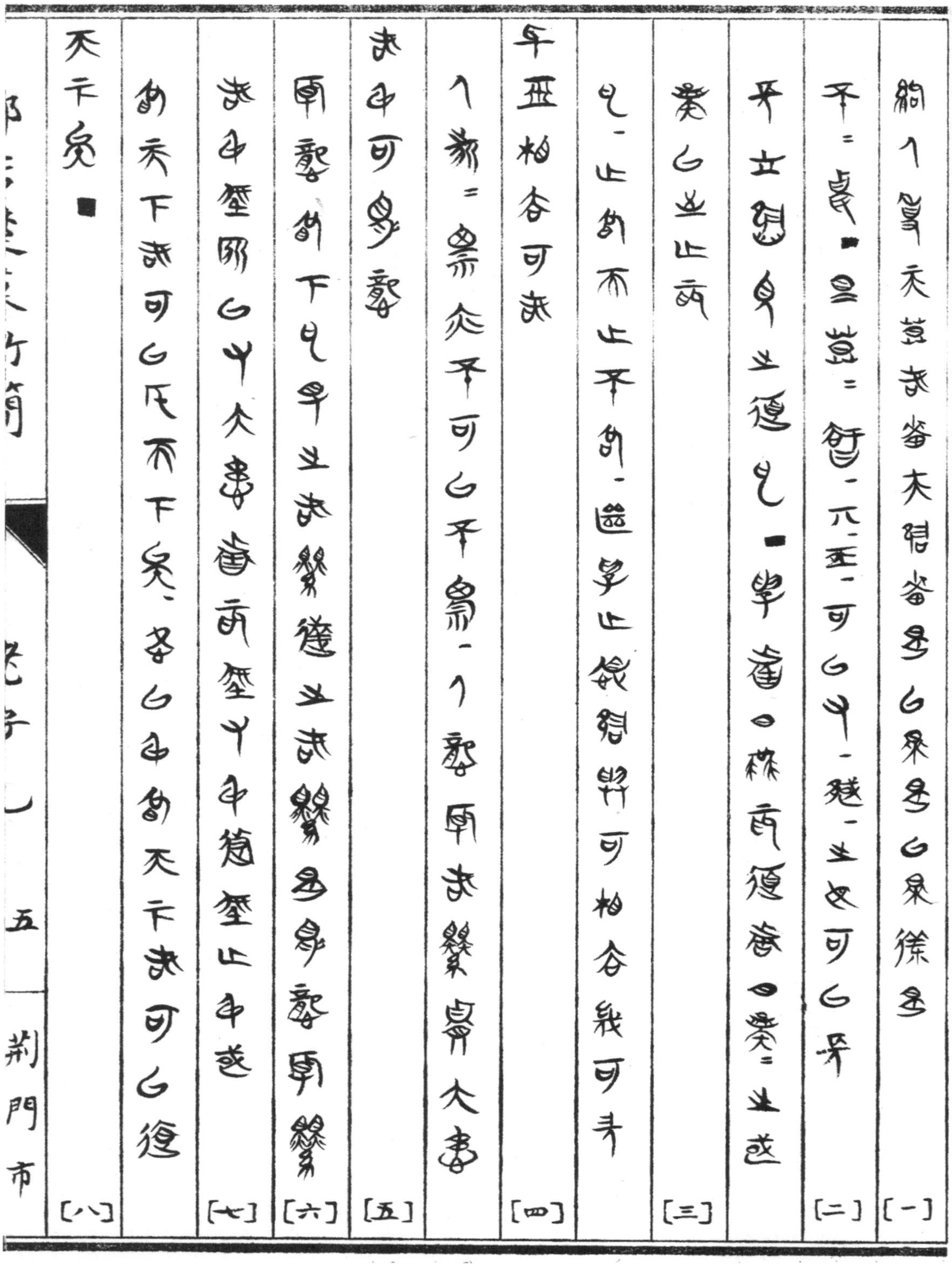

9. 노자 을2: 죽간번호 9~15

郭店楚墓竹簡

博物館

[十五] [十四] [十三] [十二] [十一] [十] [九]

[十六] [十七] [十八]

六一荊門市

11. 노자 병1: 죽간번호 1~8

郭店楚墓竹簡　老子 丙　博物館

[九] [一〇] [一一] [一二] [一三] [一四]

13. 노자 태일생수1: 죽간번호 1~7

[七] [六] [五] [四] [三] [二] [一]

郭店楚墓竹簡　　太一生水　　博物館

［八］［九］［一〇］［一二］［一三］［一四］［一一］

** 죽간번호 11번이 착오로 뒤에 나와 있다.

5. 《한비자》〈해로解老〉 해설

1. 한비자와 《한비자》

한비자(韓非子BC 280~233년)는 한韓나라 사람으로 이름은 한비韓非다. 그는 도가사상에 뿌리를 두고 법가사상을 종합한 전국 말기의 대표 사상가다. 한비자는 치국治國을 위해서는 법法·술術·세勢·이利를 구사해야한다고 하였다.

'법'이란 백성에게 선행을 권장하고 악행을 징계하기 위한 신상필벌의 원칙이다. 이는 조령條令으로 널리 공개한 군주의 양陽적 통치술이다. '술'이란 신하를 다스리기 위한 수단이다. 각자의 재능을 발휘할 수 있도록 적재적소에 배치하고 관직을 주어 일을 하게 만드는 군주의 음陰적 통치술이다. 그래서 '법은 널리 알릴수록 효용성이 크고, 술은 감출수록 군주의 통치가 쉽다(法莫如顯, 而術不欲見. 難三)'고 하였다. 닭에게는 새벽에 시간을 알리게 하고 고양이에게는 쥐를 잡게 하듯이, 명군明君은 음양이 조화되도록 통치해야 한다는 것이다.

'세'란 군주의 위치다. 한 자밖에 안 되는 막대기를 산 정상에 세우면 천길 깊은 골짜기를 내려다볼 수 있듯이, 어리석은 자도 권모술수를 부리든 사람들의 이利를 잘 이용하든, 일단 높은 자리에 올라앉으면 현자를 제압한다. 그것은 위치가 높기 때문이다. 한비자는 위치가 곧 세이며, 권력이라고 군주론을 주창하였다. 훌륭한 군주는 높은 위치에 있어도 道를 지키고, 또 백성이 법에 걸려 죄를 짓지 않도록 德으로써 나라를 다스린다.

한비자는 《한비자》 55편을 지었는데, 모두 전해오고 있다. 55편중에는 《노자》에 관한 최초의 주석서인 제20편 〈해로解老〉와 제21편 〈유로喩老〉가 있다. 〈해로〉는 통행본의 〈38장 → 58장 → 59장 → 60장 → 46장 → 14장·1장·25장 → 50장 → 67장 → 53장 → 54장〉의 순서로 12개장을 뽑아 해설한 것이다. 도경道經부분은 가운데 〈14장·1장·25장〉의 3개장이고, 그밖에 부분은 덕경德經 부분이다. 〈유로〉는 역사적 사건에 비유하여 풀이한 것이다. 그런데 〈해로〉에 관해서 의문이 제기되고 있다. 가장 큰 의문은 '한비자가 어떤 책을 보고 〈해로〉를 썼을까'라는 점이다. 그 다음은 '한비자는 왜 전통윤리를 칭송하였을까'라는 점이다.

이 두 가지 의문점을 풀어보기 위해 〈해로〉 중에서 왕필본 제38장에 해당되는 부분을 백서본과 비교하며 살펴본다. 이 장을 특별히 고른 이유는 첫 째로 학자들이 왜 한비자가 전통윤리의 기본 이념인 '德'과 '仁·義·禮'를 유려한 글로 칭송하였는지를 이해하지 못하고 있다는 점이고, 두 번째로는 한비자가 백서본을 보고 〈해로〉와 〈유로〉를 썼다고 잘못 주장하는 학자가 있기 때문이다.

2.《한비자》〈해로〉와 백서본 비교

    백서본의 갑본은 탈자가 많아 을본으로 비교하였다. 전통윤리의 기본이념에 관한 글을 보면, 〈해로〉는 이를 긍정하고 있는데 비하여 백서본에서는 이를 완전히 부정하고 있다. 이는 한비자가 〈해로〉를 쓰기위해 본 책은 분명히 백서본이 아님을 말해주고 있다. 그렇다면 어느 책을 보았을까? 그래서 한비자는 태사담의 〈5천자 노자〉를 보았을 것이고, 〈5천자 노자〉는 백서본과는 달리 전통윤리의 기본이념을 긍정하고 있다고 보는 것이다. 〈5천자 노자〉는 아직 알려지지 않고 있지만, 현재로서는 이렇게 추정할 수밖에 없는 일이다. 〈해로〉 중에서 통행본 제38장에 해당되는 부분만을 적는다.

《한비자》〈해로〉 ※ 〈5천자 노자〉	백서본(을)	통행본 제38장
上德不德, 是以有德. 上德无为而无不为也.	上德不德, 是以有德. 下德不失德, 是以无德. 上德无为而无以为也.	上德不德, 是以有德. 下德不失德, 是以无德. 上德无为而无以为.
上仁为之而无以为也. 上义为之而有以为也. 上礼为之而莫之应. 攘臂而仍之.	上仁为之而无以为也. 上义为之而有以为也. 上礼为之而莫之应也. 则攘臂而仍之.	上仁为之而无以为. 上义为之而有以为. 上礼为之而莫之以应. 则攘臂而仍之.

失道矣以后失德, 失德以后失仁, 失仁以后失義, 失義以后失禮,	故失道而后德, 失德而后仁, 失仁而后義, 失義而后禮,	故失道而后德, 失德而后仁, 失仁而后義, 失義而后禮,
夫禮者忠信之薄也, 而乱之首乎. 前識者, 道之華也, 而愚之首也.	夫禮者忠信之薄也, 而乱之首也. 前識者, 道之華也, 而愚之首也.	夫禮者忠信之薄 而乱之首. 前識者, 道之華也而愚之始.
是以大丈夫處其厚而不 處其薄, 處其實而不處其華. 故去彼取此.	是以大丈夫居□□□居 其薄, 居其實而不居其華. 故去彼而取此.	是以大丈夫處其厚不居 其薄, 處其實不居其華. 故去彼取此.

〈해로〉와 다른 판본의 해당 부분을 비교해보면, 문제되는 핵심어가 '失'자와 '下德'임이 발견된다. 한비자는 왜 순자의 문하에서 함께 공부했던 동창생 이사李斯의 모함을 받고 죽었는지, 사건을 푸는 실마리가 이 '失'자와 '下德' 속에 들어있다고 본다. 이른바 이사는 전통윤리를 부정하는 극단적 법가였으나, 한비자는 외적으로는 법가의 논리를 주장하면서도 내적으로는 전통윤리를 매우 중시하였다〈外法內儒〉. 이념이 서로 맞지 않았던 것이다. 이런 이념적 갈등 때문에 승상의 자리에 올라 권력을 쥐고 있는 이사가 한비자를 죽일 수밖에 없었을 것이다.

〈참조: 머리말의 '노자 책 전래도'. 김충열의 책 232~234쪽〉

3. 《한비자》〈해로〉 원문 의역

1. 德者, 内也° 得者, 外也° "上德不德", 言其神不淫于外也° 神不淫于外, 則身全° 身全之謂德° 德者, 得身也° 凡德者, 以无为集, 以无欲成, 以不思安, 以不用固° 为之欲之, 則德无舍; 德无舍, 則不全° 用之思之, 則不固; 不固, 則无功; 无功, 則生于德° 德則无德, 不德則有德° 故曰:"上德不德, 是以有德."

⟹

덕德은 내부에 쌓이는 것이고, 득得은 외부에서 들어와 받아지는 것이다.

"上德不德"이란: '上德'을 갖춘 사람은 그의 정신이 자신으로부터 벗어나 있지 않고 안에 있다. 정신이 밖으로 나가지 않으면 자신을 보전할 수 있으며, 자신이 보전되면 이를 德이라 부른다. 德은 곧 자신을 얻는 것이다. 무릇 德은 모두 무위无爲로써 쌓이고, 무욕无欲으로써 이뤄지며, 불사려不思慮로써 안정을 이루고, 불사용不使用으로써 공고해지는 것이다. 만일 유위有爲·유욕有欲하면, 德은 자리를 잡을 곳이 없다. 자리를 잡을 곳이 없으니, 곧 몸이 온전하지 못한다. 만일 사용하려하고, 사려하려하면, 德은 견고해질 수가 없다. 견고하지 못하면 효과가 없고, 효과가 없으면 德을 갖추려는 생각이 든다. 스스로 德을 갖추려고 하면 곧 德을 갖출 수 없고; 스스로 德을 갖추려고 하지 않으면, 곧 德을 보전할 수 있다. 그래서 《노자》에서 "上德은 不德, 즉 스스로 德을 갖추려고 ⁽의도⁾하지 않는 까닭에 德이 있게 된다"라고 말한 것이다.

※ 참고: '道'는 외부에 있는 것이고, 道가 내부로 들어와 받아지는 것은 '得'이며, 得이 쌓인 것은 '德'이다. 백서본에는 '得'자와 '德'자를 혼용하였다.

2. 所以贵无为·无思为虚者, 谓其意无所制也. 夫无术者, 故以无为无思为虚也° 夫故以无为无思为虚者, 其意常不忘虚, 是制于为虚也° 虚者, 谓其意无所制也° 今制于为虚, 是不虚也° 虚者之无为也, 不以无为为有常° 不以无为为有常, 则虚 ; 虚, 则德盛 ; 德盛之为上德° 故曰 :"上德无为而无不为也."

⇒

그러니까 무위无爲·무사无思를 추앙하는 것이 虛의 원인으로 작용한다는 것은 사람의 마음이 어떠한 것에도 견제(영향)를 받지 않는다는 말이다. 그러한 것을 이해하지 못하는 도술인은 일부러 无爲·无思를 씀으로부터 虛를 나타내려고 하는 것이다. 일부러 无爲·无思를 씀으로부터 虛를 나타내는 사람의 마음은 항상 의식적으로 虛를 잊지 않으려고 한다. 이는 이미 虛에 의해서 견제를 받고 있는 것이다. 虛는 마음에 어떠한 견제도 받지 않는다. 지금 虛에게 견제를 받고 있다면 그것은 虛가 아니다. 진정으로 虛에 이른 사람은 虛가 无爲나 无不爲보다 한 차원 높은 것임을 알고, 일부러 어떤 일을 하려고 언제나 주의를 기울이지 않는다. 이렇게 어떤 주의를 기울이지 않는다는 것은 곧 虛의 상태에 있다는 것이다. 虛라는 것은 德이 곧 충족하다는 것이고, 德이 충족하다는 것은 곧 上德을 갖추었다는 말이다. 그래서 《노자》에서 "上德은 무위无爲이면서 무불위无不爲다."라고 말한 것이다.

※ 上德은 스스로 德을 갖추려고 의도적으로 하는 일도 없으며 无爲, 德을 갖추려고 의도적으로 하지 않는 일도 없다 无不爲, 虛의 상태에서 저절로 쌓여 갖추어지는 것이라는 뜻이다.

3. 仁者, 谓其中心欣然爱人也 ; 其喜人之有福, 而恶人之有祸也 ; 生心之所不能已也, 非求其报也° 故曰 :"上仁为之而无以为也."

⇒

'仁'이란 진심으로 사람을 사랑하는^{愛人} 마음이다. 다른 사람이 복을 얻는 것을 좋아하고, 다른 사람에게 우환이 생기는 것을 싫어함을 말한다. 이는 감정의 발로를 억제하지 못하여 저절로 우러나오는 것이지, 의도적으로 어떤 보답을 바라고 하는 것이 아니다. 그래서《노자》에서 "上仁이라는 것은 어떤 목적을 가지고 나타내는 것이 아니다."라고 말한 것이다.

4. 义者, 君臣上下之事, 父子贵贱之差也, 知交朋友之接也, 亲疏内外之分也。臣事君宜, 下怀上宜, 子事父宜, 贱敬贵宜, 知交朋友之相助也宜, 亲者内而疏者外宜。义者, 谓其宜也, 宜而为之。故曰:"上义为之而有以为也。"

⇒

'義'는 군신·상하의 관계, 부자·귀천의 차이, 지교^{知交}·붕우^{朋友}의 만남, 친소^{親疏}·내외^{內外}의 구분을 가리키는 것이다. 신하가 군주를 섬기고, 아랫사람이 윗사람을 따르고, 자식이 부친을 모시고, 비천한 사람이 존귀한 사람을 존경하며, 지교^{知交}와 붕우^{朋友}가 서로 돕고, 친한 자를 가까이 하고 소원한 자를 멀리하는 것은 마땅한 것이다. 義란 각종 관계에서의 마땅함을 일컫는 말이다. 마땅함을 유지하도록 행하는 것이다. 그래서《노자》에서 "上義는 마땅한 목적을 가지고 그렇게 행하는 것이다"라고 말한 것이다.

5. 礼者, 所以貌情也, 群义之文章也, 君臣父子之交也, 贵贱贤不肖之所以别也。中心怀而不谕, 故疾趋卑拜而明之;实心爱而不知, 故好言繁辞以信之。礼者, 外饰之所以谕内也。故曰:礼以貌情也。凡人之为外物动也, 不知其为身之礼也。众人之为礼也, 以尊他人也, 故时

劝时衰 君子之为礼, 以为其身;以为其身, 故神之为上礼;上礼神而众人贰, 故不能相应;

不能相应, 故曰:"上礼为之而莫之应." 众人虽贰, 圣人之复恭敬尽手足之礼也不衰 故曰:"

攘臂而仍之."

$\Rightarrow$

'禮'는 마음속의 감정을 나타내는 것이고, 각종 義를 조리 있게 표현하는 것이고, 군신·부자 사이의 관계를 나타내는 것이고, 귀貴·천賤과 현賢·불초不肖를 구별하는 수단이며. 마음속에 들어있는 감정을 상대에게 어떤 동작이나 말로써 재빨리 전달하는 방법이다. 그래서 禮는 마음 속 감정을 밖으로 드러내는 체현体現이라 하는 것이다.

무릇 사람은 사물의 영향을 받아 동작하는데, 이런 동작이 곧 자신의 禮임을 알지 못한다. 일반 사람이 禮를 행하는 것은 다른 사람을 존중하기 위한 것인데, 태도가 때로는 진지하고 때로는 모호하다. 군자가 禮를 행하는 것은 자신을 위한 것이다. 자신의 필요에 따라 행하기에 진심으로 上禮로써 행하는데, 일반 사람은 오히려 어리둥절해하고, 상호 호응을 하지 못한다. 《老子》에서 "上禮를 행함에도 서로 호응하지 못한다"라고 한 것이다. 일반 사람이 어리둥절해도, 성인은 거듭 공경하는 마음으로 진지하게 예를 나타냄에 소홀함이 없다. 그래서 《노자》에서 성인은 "언제나 온힘을 다하여 禮를 행한다"라고 말한 것이다.

6. 道有积而德有功;德者, 道之功 功有实而实有光;仁者, 德之光 光有泽而泽有事; 义者,

仁之事也 事有礼而礼有文;礼者, 义之文也 故曰:"失道而后失德, 失德而后失仁, 失仁而

后失义, 失义而后失礼."

⇒

'道'는 속으로 들어와 쌓이는 것이고 '德'은 곧 쌓인 道의 공용功用이다.
공용에는 빛이 있어 실제로 밝게 나타나는데; 仁은 곧 德의 빛[德之光]이다.
빛에는 윤택이 있고 윤택에는 仁의 사정事情이 있는데; 義는 곧 仁의 사정
[仁之事]이다. 사정에는 질서가 있고 아름다운 풍채[文采]가 있는데; 禮는 곧 義
의 풍채[義之文]다.

그래서《노자》에서 "道를 잃어버리면 다음에 德을 잃어버리게 되고; 德
을 잃어버리면 다음에 仁을 잃어버리게 되고; 仁을 잃어버리면 다음에 義
를 잃어버리게 되며; 義를 잃어버리면 다음에 禮를 잃어버리게 된다."라고
말한 것이다.

7. 礼为情貌者也, 文为质饰者也. 夫君子取情而去貌, 好质而恶饰. 夫恃貌而论情者, 其情
恶也; 须饰而论质者, 其质衰也° 何以论之？和氏之璧, 不饰以五采; 隋侯之珠, 不饰以银
黄° 其质至美, 物不足以饰之° 夫物之待饰而后行者, 其质不美也° 是以父子之间, 其礼朴而
不明, 故曰: "理薄也."
凡物不并盛, 阴阳是也; 理相夺予, 威德是也; 实厚者貌薄, 父子之礼是也° 由是观之, 礼繁
者, 实心衰也° 然则为礼者, 事通人之朴心者也° 众人之为礼也, 人应则轻欢, 不应则责怨°
今为礼者事通人之朴心而资之以相责之分, 能毋争乎？ 有争则乱, 故曰: "夫礼者, 忠信之
薄也, 而乱之首乎!"

⇒

'禮'는 정감情感의 표현이고, 풍채[文采]는 본질의 수식(修飾꾸밈)이다. 군자는 정감을 취하고 수식을 버리는데, 이는 본질을 선호하고 꾸밈을 싫어한다는 말이다. 수식에 의지하여 정감을 밝히려는 것은 조잡한 일이다. 어찌 그런가? 화씨和氏집 벽은 오채(五彩청·황·적·백·흑)로써 꾸미지 않았고, 수후隋侯의 구슬은 금이나 은으로 수식하지 않았다. 본바탕이 너무 아름다워 다른 것으로 수식할 필요가 없었다. 무릇 사물은 수식한 다음에 유행되는데, 그것은 본바탕이 아름답지 못하기 때문이다. 그렇기에 부자父子 사이의 禮는 깊은 물처럼 출랑대지 않고 담박淡薄하게 보인다. 자연스럽고 형식에 구애받지 않는다.

일체 사물은 동시에 왕성할 수는 없는 일인데, 음양이 곧 그렇다; 그 이치가 남고 모자라는 정반正反의 관계인데, 위엄과 德이 곧 그렇다; 실질이 중후한 것의 겉모습은 곧 담박淡薄한 것인데, 父子의 사이의 禮가 곧 그렇다. 이러한 것으로부터 보면, 예절이 복잡하고 수선스러우면 마음속 진실성이 빈약하다는 말이다. 설령 그렇다 해도 행례行禮는 사람의 소박하고도 진실한 마음의 소통인 것이다. 일반사람은 예를 행하는데 상대가 응해주면 즐거워하고, 응해주지 않으면 서운해 하고 원망한다. 지금 사람들은 행례를 소박하고도 진실한 마음의 소통이라고 생각하면서도, 행례가 서로 원망하는 구실이 된다면 어찌 다툼이 없겠는가? 다툼이 일어나면 혼란이 생겨난다. 그래서 《노자》에서 "禮라는 것은 충신忠信의 담박淡薄한 표현인데, 혼란을 야기하는 발단이 된다."라고 말한 것이다.

8. 先物行先理动之谓前识° 前识者, 无缘而妄意度也° 何以论之？詹何坐, 弟子侍, 牛鸣于门外° 弟子曰：”是黑牛也在而白其题°” 詹何曰：”然, 是黑牛也, 而白在其角°” 使人视之, 果黑牛而以布裹其角° 以詹子之术, 婴众人之心, 华焉殆矣！故曰：”道之华也°” 尝试释詹子之察, 而使五尺之愚童子视之, 亦知其黑牛而以布裹其角也° 故以詹子之察, 苦心伤神, 而后与五尺之愚童子同功, 是以曰：”愚之首也°” 故曰：”前识者, 道之华也, 而愚之首也°”

⇒

사물事物이 나타나기 전과 사리事理가 표현되기 전에 행동하는 것을 일러 전식前識이라 한다. 전식은 근거 없이 멋대로 추측하는 것이다. 어찌 그럴 수가 있는가?

첨하詹何가 앉아있고 제자가 모시고 있는데, 밖에서 소의 울음소리가 들렸다.

　　제자 : “이는 검은 소이고 이마에 하얀 부분이 있습니다.”
　　첨하 : “맞아. 검은 소이고 뿔에 하얀 부분이 있다.”

사람을 시켜 가보도록 하였더니, 과연 검은 소이고 하얀 천으로 뿔을 싸매고 있었다. 만일 첨하의 술수를 써 일반 사람들의 마음을 끌면, 겉은 꽃처럼 화려하지만 아주 위태로운 일이다. 그래서 전식前識이란 “道의 허화虛華다〈道之華〉”라고 말한 것이다.

첨하의 술수를 버리고 그냥 5척 동자로 하여금 살펴보도록 한다 해도, 검은 소이고 하얀 천으로 뿔을 싸매고 있음을 알 수 있을 것이다. 그래서 첨하가 고심하고 신경 써서 보는 것이나, 그냥 5척 동자를 시켜 보는 것이나 결과는 같은 것이다. 그렇기 때문에 전식은 "우매함의 발단^{愚之始}"이라고 말한 것이다.

> 9. 所谓"大丈夫"者, 谓其智之大也。所谓"处其厚而不处其薄"者, 行情实而去礼貌也。所谓"处其实不处其华"者, 必缘理, 不径绝也。所谓"去彼取此"者, 去貌, 径绝而取缘理, 好情实也。故曰:"去彼取此。"
>
> ⇒

이른바 "대장부^{大丈夫}"란 지혜가 큰 사람이다. 그래서 그는 몸을 "돈후^{敦厚}한데에 두지, 경박^{輕薄}한데에 두지 않는다."라고 한 것이다. 허화^{虛華}의 예절을 버리고 진실하고 담박함을 추구하는 것이다. 이는 반드시 사리^{事理}에 따른다는 말이지, 사리에서 벗어난다는 말이 아니다. 그래서 《노자》에서 "저 것^[虛華]을 버리고 이것^[實質]을 취한다"라고 말한 것이다.

4. 〈해로〉와 다른 판본과의 주요내용 비교

① 백서본^(을)과 왕필본에 나오는 "下德不失德, 是以无德."라는 구절이 〈해로〉와 백서본^(갑)에는 완전히 빠져있다. '下德'이라는 용어는 본래 없었던 개념어임을 알 수 있다. 道를 上道와 下道로 구분할 수 없듯이, 德 또한 上德과 下德으로 구분할 수 없는 것이다. '下德'은 백서본에 불필요하게 끼어들어간 용어다.

② 〈해로〉에 있는 "上德不德, 是以有德. 上德无为而无不为"가 백서본과 왕필본에서는 "上德不德, 是以有德. 上德无为而无以为"로 나온다. '上德'은 몸 밖에서 얻어지는 것이 아니라 몸 안에 있는 것이다. '不德'이란 정신이 몸 밖으로 나가 쏘다니면서 의도적으로 德을 갖추려고 하지 않는다는 뜻이다. 정신이 몸 안에 차분하게 자리하고 있으면 '有德'이다. 德은 무위无爲로써 쌓이고, 무욕无欲으로써 이뤄지고, 불사려(不思慮잡념이 없음)로써 안정을 이루며, 불사용(不使用정력을 아낌)으로써 공고해지는 것이다. 德을 의도적으로 밖에서 얻어 쌓으려고 하지 않는 것[不德], 이것이 곧 덕[有德]이다. 그래서 "上德不德, 是以有德"이라 하였다.

그 다음에 나오는 '不'자가 백서본과 왕필본에서 '以'자로 바뀐 것이다. '上德'은 어떤 의도를 가지고 행하여 얻어지는 것이 아니다. 그저 자연의 순리에 따르다보니까 저절로 얻어지고 쌓이는 것이 上德이다. '무위无爲'는 의도적으로 행함이 없다는 뜻인데, 이것이 곧 '무이위无以爲'인 것이다. 다시 말해 "无为而无以为"는 같은 뜻을 중복하여 표현한 것이다. 그러나 "无爲而无不爲"는 다르다. '무위无爲'는 〈의도적으로 행함이 없음〉이고, '무불위无不爲'는 〈의도적으로 행하지 않음이 없음〉을 뜻하니, 이는 上德의 본뜻에 어긋나지 않는 표현이다.

③ 〈해로〉에는 〈失道→以后失德→以后失仁→以后失義→以后失禮〉라 하여, "以后"다음에 '失'자가 모두 들어있다. 그런데 백서본과 왕필본에는 〈失道→德, 失德→仁, 失仁→義, 失義→禮〉라 하여 '失'자가 모두

빠져있다. 이 한 글자가 뭐 그리 대수로운 일이라고 학자들이 쟁론을 벌일까라는 생각이 들지만, 참으로 중요하다. 뜻이 완전히 달라지기 때문이다.

〈해로〉에 나오는 글을 보자.

"道有積, 而德有功; 德者, 道之功. 功有實, 而實有光; 仁者, 德之光. 光有澤 而澤有事; 義者, 仁之事也. 事有禮而禮有文; 禮者, 義之文也."라고 하였다. 이는 「道의 기운이 마음속에 쌓여서 생겨나는 공용^{功用}이 德이다. 仁은 德이 마음속에서 아름답게 빛나는 것으로 德의 윤기^{潤氣}이다. 義는 仁이 몸 밖으로 나타나는 仁의 빛깔이고, 禮는 義가 나타나 보이는 풍채[^{文采}]인 것이다」라는 뜻이다. 이를 보면 한비자는 전통적 가치이념을 누구보다도 칭송하였으며 추종한 사람임을 알 수 있다. 德과 仁義禮의 상호 관계를 이렇게 아름답게 표현한 학자가 어디 있는가?

道로부터 禮에 이르기까지 사로^{思路}가 일맥상통한다. 만일 道가 없어지면 德은 물론이고, 仁·義·禮 중 그 어느 것도 존재할 수 없게 되는 것이다. 그래서 〈해로〉에서 말하길: "失道而后失德, 失德而后失仁, 失仁而后失义, 失义而后失礼."라 한 것이다. 그런데 백서본과 통행본에서는 어찌하여 '以后失'을 '而后'로 바꾸면서 '失'자를 빼버리고는 〈道가 무너져야 德이 생겨나오고, 德이 무너져야 仁·義·禮가 차례로 생겨나온다〉고 거꾸로 말하고 있는가? 학자들은 〈해로〉에 들어있는 '失'자를 백서본에서 빼버린 이유를 설명하지 못하고 있다. 김충열은 오히려 반대로 "〈해로〉에 以后 다음에 失자가 들어있는 게 잘못된 것"이라고 지적하고 있다. 그러나 사실 김충열이 잘못 이해한 것이다. '失'가 있어야 앞뒤 문맥이 통하고 살아난다.

④ 〈해로〉 "夫禮者忠信之薄也, 而乱之首乎."의 '也'자와 '乎'자가 왕필본에는 없다. 여기에서는 "薄也, 而"를 어떻게 해석하느냐가 중요하다. 한비자는 〈禮에서의 忠과 信이라는 것은 겉으로의 화려함에 있는 것이 아니라, 내적으로 꾸밈없이 담박(淡薄담백함)함에 있다. 그러나 그 담박함 때문에 혼란의 근거가 된다〉라고 쓰고 있다. 이는 형식에 구애받지 않는 담박함 때문에 때로는 상대로부터 책망을 받을 구실이 되고 오해를 불러일으켜 갈등을 유발할 수 있다는 말이다. 중요한 의식을 담박하게 거행하다가 흔히 쟁론을 일으키거나 다툼이 생긴다. 부부사이나 부모와 자식사이에서 어떤 예절이 필요한지 생각해보라. 거기에는 내적으로 담박하면서도 따뜻한 가슴이 가장 중요하다. 서로 믿는 따뜻하고도 소박한 마음으로 통하는 것이다. 여기에는 어떤 꾸밈도 필요 없다. 겉으로 나타남이 그저 소박할 뿐이기 때문에 '薄'이라 한 것이다. '薄'은 〈담박淡薄. 담박淡泊〉의 뜻이다.

⑤ "전식前識"이 무슨 뜻일까?

'전식'을 하상공은 "알지도 못하면서 떠드는 인간"이라했고, 왕필은 "총명하지도 못하면서 남보다 앞서 안다고 거들먹거리는 인간"이라고 풀이했다. 한비자는 "先物行先理動之"라 했다. "실천하는 사물도 없고 실리도 없이 미리 예측하여 입으로 떠들어 대는 허망한 인간"으로 해석한 것이다. 이는 道의 실實을 모르고 겉으로 보이는 화華만을 아는 지식인이라는 말이다. 뒤에 나오는 "道之華也, 而愚之首也."와 어울리는 해석이다. '화華'는 허화虛華의 뜻이다.

⑥ "대장부大丈夫"는 지혜의 그릇이 큰 사람이다. 대장부는 언제나 처신이 중후하고 실질과 도리를 추구하지, 경박하고 겉모습의 화려함에 끌리지 않는다. 여기에 나오는 '薄'은 〈경박輕薄하다. 가볍다〉의 뜻이다.

5. 결론

이 장에서 가장 중요한 문제는 해로에 나오는 '以后失'을 백서본에서 '而后'로 바꾸고 '失'자를 빼버리고 또 '下德'이라는 구를 끼어 넣은 대목이다. 한비자는 주석을 달기위해 어느 책을 보았을까? 그가 본 책은 태사담이 쓴 〈5천자 노자〉일 것이다. 〈5천자 노자〉와 백서본의 체제는 〈덕도경德道經〉형식으로 비슷하지만, 주요 글자는 분명히 다르다. 앞에서 살펴본 '失'자와 '下德'이 그 사실을 입증하고 있다. 유가들이 중시하는 道·德과 仁·義·禮의 이념을, 한비자는 칭송하였고 이사는 혐오하였다. 서로 이념이 맞지 않았기 때문에 이사는 한비자를 모함하여 죽이고, 〈5천자 노자〉에 나오는 친유가적 글귀를 반유가적 글귀로 바꿔버린 책이 바로 백서본(갑)이라고 본다. 그렇게 조작된 백서본(갑)으로부터 백서본(을)과 오늘의 통행본이 파생되어 나왔을 것이다.

6. 주돈이의《태극도설》

1. 주돈이의 우주생성론

우주생성론하면 주돈이(周敦頤zhōu dūn yí,1017~1073)를 연상한다. 그는 북송 때 철학자로서 호가 염계濂溪이고, 주자周子라고 부른다. 성리학을 집대성한 남송의 주희(朱熹1130~1200)를 가리키는 '주자朱子'와 혼동되므로 일반적으로 '周子'를 쓰지 않는다.

그의 저술은《주자전서周子全書》7권이 전해진다. 그 가운데《태극도설太極圖說》이 가장 대표적인 저작으로 꼽힌다.《태극도설》은 태극도를 중심으로 우주의 생성원리를 249자로 짧게 설명한 글이다.《주역》〈계사전〉의 영향을 받은 것으로 본다. 태극을 만물의 근원으로 보고 "태극은 양의(兩儀음양)를 낳고, 양의는 사상四象을 낳고, 사상은 팔괘를 낳고 팔괘에서 만물이 생긴다"고 하였다. 이〈계사전〉의 우주관에다 오행설을 보태 새로운 우주관을 수립한 것이 북송 유학자 주돈이의《태극도설》이다.

무극無極으로부터 태극이 나오고 음양으로 나뉘며, 여기에서 다시 〈수화목금토水火木金土〉의 오행과 사시四時가 생겨난다고 하였다. 그리고 인간은 수신修身을 통하여 오행의 이치를 깨닫고 성聖을 부여받을 수 있기 때문에 만물의 영장으로서의 지극한 경지에 오를 수 있는 것이다. 그러한 최고의 경지에 오른 사람을 성인聖人이라 부른다.

※ 〈고구려의 시조 추모왕(鄒牟王주몽)은 聖을 부여받고 태어났다고 광개토대왕비 비문 첫 구절에 새겨있다. '추모왕은 곧 聖人'이라는 말이다.〉

2. 《태극도설》 전문 해석

『(태초 우주에) 무극으로부터 태극이 생겨나왔다. 태극이 움직이어 양陽이 생겨나고, 움직임이 극에 달하면 정지靜止하고 정숙靜肅해지며 음陰이 생겨나온다. 정靜이 극에 달하면 다시 움직인다. 한번은 움직이고 한번은 정숙해지는데, 서로가 근원이 된다. 음양으로 나눠지니 양의兩儀가 확립된다.《(自)无極而太極. 太極, 動而生陽, 動極而靜, 靜而生陰, 靜極復動. 一動一靜, 互爲其根. 分陰分陽, 兩儀立焉.〉

음양이 변하고 융합해져 수화목금토水火木金土가 생겨나고, 오행의 기운이 순리에 따라 작용하여 4계절이 운행된다. 오행은 음양으로 통하고, 음양은 태극으로 통하는데, 태극은 무극에 뿌리를 둔다.〈陽變陰合, 而生水火木金土, 五氣順布, 四時行焉. 五行一陰陽也, 陰陽一太極也, 太極本无極也.〉

오행은 생겨나면서 각각 성性을 지닌다. 무극의 진솔眞率함과 음양오행의 정수精髓가 교묘하게 합해지고 응결한다. 하늘의 양기는 수컷(男)을 형성하고, 땅의 음기는 암컷(女)을 형성한다. 암수 두 기氣가 서로 감응 교합하고 변화하여 만물을 생성한다. 만물이 생겨나고 또 생겨나는 변화는 무궁하다. 〈五行之生也, 各一其性. 无極之眞, 二五之精, 妙合而凝. 乾道成男, 坤道成女. 二氣交感, 化生萬物. 萬物生生而變化无窮焉.〉

(만물 중에서) 오직 사람만이 빼어난 영靈을 부여받고, (사람으로서의) 몸이 생기며, (사람으로서의) 지혜로운 정신이 나타난다. 오성(五性오행)에 관한 감동에 따라 선악善惡이 구분되고 만사가 이뤄진다. 성인聖人이 정한 중정인의中正仁義와 주정(主靜무욕)은 사람이 오를 수 있는 지극한 경지인 것이다. 〈唯人也得其秀而最靈, 形既生矣, 神發知矣. 五性感動而善惡分, 萬事出矣. 聖人定之以中正仁義而主靜, 立人極焉.〉

그러므로 성인은 "천지天地로부터 덕[性]을 얻고, 일월日月로부터 밝음을 얻고, 사시(四時4계절)로부터 질서를 얻고, 신귀神鬼로부터 길흉을 얻어 함께 하느니라." 〈故聖人 "與天地合其德, 日月合其明, 四時合其序, 鬼神合其吉凶"〉

군자는 그런 도리를 닦아서 길吉하고, 소인은 그런 도리에 어긋나서 흉해지는 것이다. 〈君子修之吉, 小人悖之凶.〉

그러므로 "천도天道를 세움을 음양이라 하고, 지도地道를 세움을 유강柔剛이라 하며, 인도人道를 세움을 인의仁義라 한다"고 말하였다. 〈故曰: "立天之道, 曰陰與陽. 立地之道, 曰柔與剛. 立人之道, 曰仁與義."〉

또한 "시작으로부터 끝맺음이 반복하는 것이고, 여기에서 사생死生의 이치를 알 수 있는 법"이니, 이는 위대한 변화요, 지극한 도리이도다! 〈又曰: "原始反終, 故知死生之說."大哉易也, 斯其至矣!〉』

3. 태일생수와 태극도설의 비교

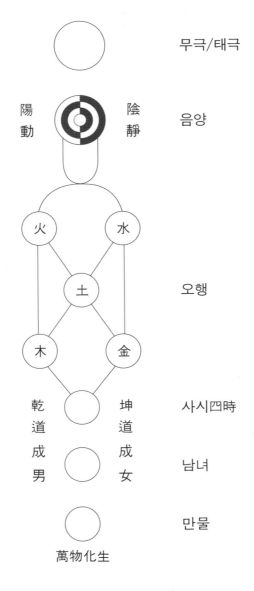

주돈이 〈태극도〉

주돈이의《태극도설》은 조선 유학에 크게 영향을 끼쳤다. 퇴계 이황이 1568년 작성한 성학聖學10도 중 제1도인 태극도는 주돈이의 태극도를 옮겨 그린 것이다. 이를 간단히 도식화하면 아래와 같다.

무극无極 → 태극太極·동정動靜 → 음양陰陽·오행五行 → 사시四時

태극도설을 살펴보면 〈태일생수〉와의 유사성이 발견된다. 특히 시간 흐름의 종점에 사시四時가 있다는 점이다.

태극팔괘도

태극에 따라 팔괘의 위치가 정해진다. 팔괘
의 위치가 태극기와 다르다.

이 간단한 〈태극도〉라는 그림 속에는 헤아리기 어려운 엄청난 논쟁들이 숨어있다. 도올은 "신유학新儒學이라 부르는 송·명의 유학 전체가 바로 이 한 도설圖說 하나에서 연화演化된 것이라 말하여도 조금도 지나친 말이 아니다.

우리나라 조선조 문명이 이 한 구절에서 태어났다고 해도 조금도 과언이 아니다. 그런데 이 도식의 개념을 살펴보면 자그마치 2400년 동안 땅속에 숨어 있다가 1993년에야 나타난 신비스러운 죽간자료, 〈태일생수〉와 모종의 유사성을 발견한다. … 〈태극도설〉의 우주발생론 흐름은 '사시四時'에서 종료되고 있다. 그런데 〈태일생수〉의 우주발생론의 종구終句가 '세歲'로 끝나고 있다는 사실인 것이다."라고 했다. 도올은 또 "동양인들에게 근원적인 창조의 대상은 '세歲'라는 시간이라는 점. 시간은 물리적 시간이 아니라, 바로 생명적 시간이며, 시간의 창조주는 물이라는 점"을 강조했다.

※《노자와 21세기.下》,71쪽. 그런데 도올은 '물'을 강조하면서, 〈太一·道·水〉 3자의 상호 관계에 대해서 언급하지 않았다.

4. 결어

《태극도설》은 유가나 불가사상의 영향을 받아 작성된 것이 아니라, 도가 사상의 맥을 계승한 우주생성론이다. 주돈이는 도가사상을 계승한 철학자인 것이다. 이를 간략히 요약 비교하면 다음과 같다.

우주생성론	작성(추정)	우주생성의 흐름
〈태일생수〉	BC380	[太一/水] → 음양·사시四時 → 성세이지成歲而止
〈태극도설〉	1050년	[무극/태극] → 음양·오행·사시四時 → 만물화생萬物化生
〈태극도〉	1568년	*〈태극도설〉과 같다

부록

Ⅱ

노자문답

노군암 석상 老君巖 石像 〈복건성 천주 泉州 청원산 淸源山〉

갑골문에서는 '聖'자 중에서 뜻을 나타내는 '耳'자를 아주 크게 그리고 '口'자는 그 옆에 조그맣게 그려 붙였다. 입으로는 적게 말하고 天地의 소리는 예민하게 잘 듣는 사람, 노자는 그러한 성인 聖人 이다.

〈노자 탄생: B.C.571. 공자탄생: B.C.551. →(*최근 주장) 노자 탄생: B.C.586. 공자탄생: B.C.566.〉

목   차

1. 〈노자〉는 누구인가?

○ '老子'는 도가의 원로에 대한 존칭어로 일반명사다.

○ 노자에 관한 최초의 기록은 사마천이 BC91년에 쓴 《사기》〈노자열전〉이다. 여기에 3명의 '노자', 즉 〈노담 老聃 · 태사담 太史儋 · 노래자 老萊子〉가 등장한다.

① 노담은 BC571출생으로 공자의 스승이다. BC475년 전, 춘추 말에 초간본 갑조 · 을조을 지었다.〈*병조와 태일생수조는 천문학자인 윤희의 전국 초 작품〉

② 태사담은 BC380에 〈5천자 노자〉를 지었다. 〈*아들은 '宗'〉

③ 노래자는 〈저서 15편〉이 있다는 기록만 전한다.

2. 《노자》 책은 어떤 종류가 있는가? 〈12쪽. 61쪽. 부록1.〉

많은 종류의 판본이 있다. 이를 크게 〈도경 · 덕도경 · 도덕경〉의 3종으로 구분한다.

① 도경: 1993년 호북성 곽점 郭店 초묘에서 출토된 초간본 楚簡本 · 죽간본

② 덕도경: '5천자 노자'와 '백서본 帛書本 '이 있다.

○ 5천자 노자: 태사담이 초간본에 德부분을 대폭 추가하여 발전시킨

수증 修增 판. 원본은 전해오지 않으나, 그 중 일부 12개장 가 한비자가 쓴

〈해로 解老편〉과 〈유로 喩老 편〉에 들어있다.

ㅇ 백서본: 1973년 호남성 장사 長沙 마왕퇴 한묘에서 출토. 이는 진시황 때 이사 李斯가 〈5천자 노자〉 중 일부 글자를 반유가·권모술수·우민정치의 글자로 바꾼 것으로, 노자를 반유가사상가로 변질시킨 근원이다.

③ 도덕경: '통행본'이라 부른다. 백서본과 道·德부분의 순서만 다를 뿐 별로 차이가 없다. 왕필이 주석을 붙인 도덕경이 통행본을 대표한다.

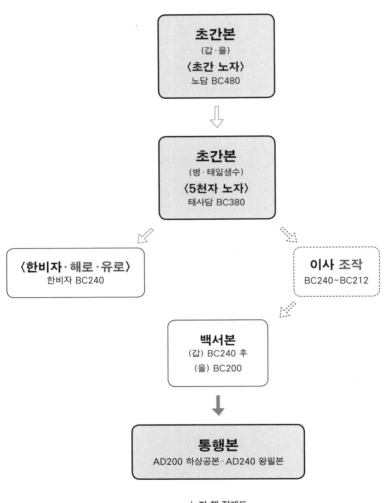

노자 책 전래도

3. 초간본의 학술적 가치는? 〈《김충열 교수의 노자강의》 22쪽〉

"죽간「노자」가 출토된 것은 학계에 경천동지할 만큼의 충격을 던져 준 대사건이었다. …그것은 기존의 의문시되던 문제를 일시에 해결하면서 기존 학설을 수증 ^{修增} 하기도 하고 나아가 그 근간을 뒤흔들기도 하였다. …초간「노자」가 완정한 것이고 가장 오래된 고원본 ^{古原本} 이라는 것을 확신한다."

4. 《한비자》〈해로·유로〉편에 반유가적 글이 나오는가? 〈 부록5 〉

한비자는 BC240년에 〈5천자 노자〉를 보고 《한비자》의 〈해로〉편과 〈유로〉편을 지었다. 여기에 반유가적인 글은 없고, 오히려 유가사상을 칭송하고 있다는 점이 백서본과 다른 특징이다.

5. 왜 백서본과 통행본에 반유가적 글들이 나오는가? 〈제8장 해설〉

진나라 승상 이사 ^{李斯} 가 BC240과 BC212년 사이에 분서갱유를 단행하기위해 〈5천자 노자〉 중 일부 글자를 반유가·권모술수·우민정치의 글자로 바꾼 것이 백서본이다. 통행본은 백서본과 거의 같다. 예: 통행본 3장·5장·18장·19장·38장·66장 등

6. 왜 도가와 유가는 2천년 넘게 앙숙관계로 지내왔는가? 〈제8장 해설〉

반유가적 글로 조작된 백서본과 통행본의 영향 때문이다. 초간본이 출토됨으로써 진실이 밝혀졌다.

7. 道와 德이란?

○ 사전: "道는 만사만물에 공통된 기본적 원리원칙이고, 德은 각종 사물에 분산되어있는 원리원칙이다." 《國語活用辭典》655쪽.

○ 도가: "道는 천지가 생겨나기 전부터 있는 것〈先天地生〉"으로, '大'라고 부르며 天道라 하였다. 道를 '우주의 혼·신령 神靈 '으로 본 것이다. 〈초간본 제1장. 통행본 제25장〉

○ 유가: "道는 인간관계에서 지켜야하는 도리"로, 人道라 하였다. 자사는 《오행》에서 "德은 오행의 해화〈德之行五和〉"라 하였다. 《대학·초간 오행》

8. 왜 초간본을 텍스트로 삼아야하는가? 〈제8장·제31장 해설. 부록1·부록5〉

○ 백서본·통행본을 연구하고 저술한 학자들은 그동안 주장해온 자신의 견해를 바꾸지 못한다. 종전의 견해를 부정하는 순간, 힘들게 쌓아온 학자로서의 위상이 무너질 수도 있기 때문일 것이다.

○ 중국의 저명한 야오간밍 姚淦銘 교수 등 통행본을 강의해온 학자들은, 공자가 노자에게 '예 禮 '를 물었다는 기록과 노자가 유가사상을 선도하였다는 사실에 의문을 제기하면서, 노자를 반유가적 인물로 낙인찍었다.

○ 이렇게 2천년 넘게 노자사상을 왜곡시켜, 도가와 유가 사이를 앙숙관계로 만들어온 원인은 백서본에 있다. 이는 초간본에 의해서 진상이 밝혀졌다.

○ 노자사상의 진면목은 초간본에서만 찾아볼 수 있기 때문에, 초간본을 텍스트로 삼아야한다. 다만, 전문가들은 백서본이나 통행본을 참고할 필요가 있다.

9. 초간본의 특징은? 〈부록1〉

① 노자 책 중에서 가장 오래된 원본이고 완정하다. 〈※죽간 85매. 2305자〉

② 문장이 간결하고 형이상적 난해한 용어가 없다.

③ 권모술수·우민정책·반유가적 글자가 전혀 없다.

10. 노자와 헤라클레이토스의 사상 비교 〈제3장 해설〉

○ 노자: 물[水]을 만물의 근본으로 봄 . 음귀양천 ^{陰貴陽賤} 사상가 → 동양사상

○ 헤라클레이토스: 불[火]을 만물의 근본으로 봄. 양귀음천 ^{陽貴陰賤} 사상가
→ 기독교사상

11. 도가와 불가 ^{佛家} 의 관계는?

○ 도가의 〈도 ^道·대 ^大〉를 불가에서는 〈법 ^法·다르마^{dharma}〉라 하였다.

○ 불경을 한역하면서 도가의 용어를 많이 사용한 까닭은 두 사상이 비슷하
기 때문이다. 〈한역: 402년 구마라습鳩摩羅什. 645년 현장玄奘〉

12. 반기문 유엔총장이 오바마에게 선물한 '상선약수 ^{上善若水}'의 글은?

○ 통행본 제8장에 나오는 명언으로, 후대에 삽입된 글이다.

〈上善은 德이고, 물은 德을 상징한다.〉

○ 초간본의 태일생수 ^{太一生水} 조에, 물에 관해 언급되어있다. 물은 태일 ^{God}
이 천지보다 먼저 창생한 것으로, 물을 우주생성의 근원으로 본다.

13. '삼위일체 _{三位一體}'란? 〈제35장 해설〉

○ 〈태일 ^{God} · 道^{The Sprit of God 신령} · 水〉의 3자가 하나ー라는 개념

○ 道는 태일의 영^靈이고, 물은 태일의 구현^{具顯} 체이며 우주생성의 근원

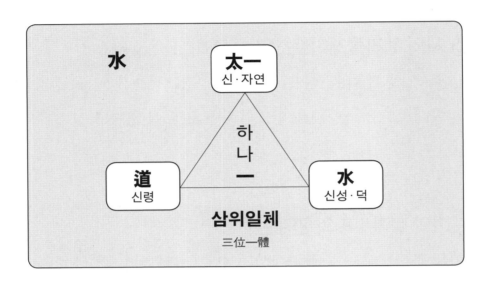

태일은 물과 함께 존재 太一藏于水

14. 현재 초간본을 해설한 책은?

백서본이나 통행본을 기본으로 하고 초간본을 부수적으로 인용한 책들은 있지만, 초간본을 중심으로 전면 해설한 책으로는 세 종류가 있다.

○ 2003.4. 양방웅, 예경,《초간 노자》→ 2016.6. 이서원,《노자 왜 초간본인가》

○ 2004.4. 김충열, 예문서원,《김충열 교수의 노자강의》

○ 2006.12.최재목, 을유문화사,《노자》

15. 초간본에 나오는 〈태일생수 太一生水〉란? 〈제35장. 부록6〉

태일생수 BC380 : 우주생성도 →염계 주돈이: 태극도설 1060년

→퇴계 이황: 태극도 1568년

태일장어수 太一藏于水

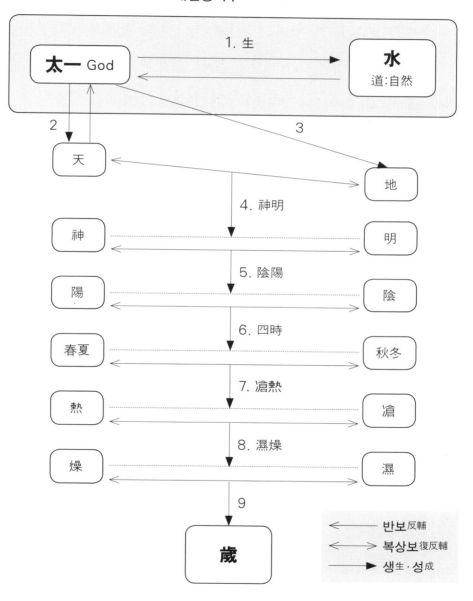

우주생성도

16. 통행본《노자의 목소리로 듣는 도덕경》에 나오는 주요 오류들:

① 《한비자》의 〈해로〉와 〈유로〉편의 논술 배열이 백서본과 같다고 하고, "백서본을 필사한 사람이 본 원본과 한비자가 본 원본이 같은 체제의 전승본이다."라고 한 점. (12쪽)

→ 그 원본이란 〈5천자 노자〉를 가리키는 것으로, 일견 타당하다. 다만, 〈해로〉편에서 "失道以后失德"이라고 했는데, 백서본·통행본 제38장에서는 왜 "失"자를 빼고 "失道以后德"이라고 했는지 그 이유를 설명하지 못하고 있다. 〈해로〉편과 백서본의 차이점이 무엇인지를 간과하였다.

② "초간본이 백서본보다 시대적으로는 앞서있지만, 양적으로는 훨씬 미치지 못하기 때문에 백서본을 참고해야 한다."고 한 점. (13쪽)

→ 후대에 첨삭되어 양적으로 늘어난 것을 중요하다고 본 것은 형용모순의 논리다. 무엇이 노자의 본래 사상에 가까운지에 관한 질적인 문제가 중요하기 때문이다.

③ "곽점죽간본 초간본 의 필사 시대는 적어도 기원전 4세기 말엽이다. 이렇게 되면 죽간본은 백서본보다 150년가량 빠르다. … 일반적으로 노자의 생존 시기나 도덕경이 쓰여진 시기를 전국 중기로 잡고 있다."라고 한 점. (13쪽)

→ 시대를 착오하였다. 노자와 공자는 모두 춘추시대 사람이다. 초간본의 갑조·을조는 춘추 말에 쓰인 것이고, 병조·태일생수조와 〈5000자 노자〉는 전국 초에 쓰인 것이다. 춘추시대와 전국시대의 분기점은 BC475년이다. 초간본의 갑조·을조는 백서본보다 240년 정도 빠르다.

④ "초간본은 5000자의 〈도덕경〉을 텍스트로 놓고 교육용으로 사용하기 위하여 특정한 주제를 골라내어 편집한 판본이다."라고 한 점. 〈14쪽. 137쪽〉

→ 초간본의 갑조·을조는 춘추 말에 작성된 것이고, 5000자 노자는 전국 초에 작성된 것이다. 초간본의 갑조·을조보다 100년 후에 나온 〈5000자 노자〉를 보고, 편집했다는 논리는 사리에 맞지 않는다. 더욱이 백서본은 〈5000자 노자〉보다도 140년이나 늦게 나온 것이다.

⑤ "노자에게서 仁義는 여전히 道가 파괴되고 난 다음에 나오는 차선의 善으로서, 부정적으로 간주된다."라고 한 점. 〈172쪽〉

→ 道와 '德' 그리고 '仁義'의 기본 개념을 혼돈하였다 [道⊃德⊃仁·義·禮]. 통행본 제38장의 "失道而后德, 失德而后仁 …"은 중대한 오류를 범한 글이다.

⑥ "여기서 중요한 것은 '安案·焉'자의 해석을 의문사로 하면 안 된다는 것이다."라고, 통행본 제17장과 제18장을 착각하여 해석한 점. 〈173쪽〉

→ 安자를 의문사로 보느냐 아니면 어조사로 보느냐에 따라 해석이 완전히 달라진다. 의문사로 보면 '道'가 살아있어야 '仁義'도 따라서 산다는 것이고, 어조사로 보면 '道'가 죽어야 '仁義'가 살아난다는 해석이다. 뒤의 해석은 높은 차원의 질서인 道가 망가져야 낮은 차원의 질서인 德·仁義가 생겨난다는 해괴망측한 논리다. 道가 망가진 곳은 곧 혼돈상태의 암흑세계다.

그런 곳에는 오행 知·仁·義·禮·聖의 어느 덕목도 존재할 수 없다. 물론 '孝慈'나 '忠信'도 존재하지 못한다. 그렇기 때문에, 앞에서 "失道而后德 …"은 '중대한 오류'를 범한 글이라고 지적한 것이다. 〈부록5〉

초간본 : 의문사로 해석 (郭沂.김충열.김용옥.일승)	백서본	통행본 : 어조사로 해석 (尹振環.오강남.최진석.이석명)
信不足, 安有不信. 통치자에 대한 신뢰심이 부족하니까, 백성의 불신이 생기는 것이겠지요?	信不足, 案有不信.	信不足焉, 有不信焉. 통치자가 백성을 믿지 않기 때문에, 백성들도 통치자를 믿지 못한다.
大道廢, 安有仁義. 대도가 폐하여지면, 어찌 인의가 있을 수 있을까요?	大道廢, 案有仁義.	大道廢, 有仁義. 대도가 망가져서, 인의를 제창하게 된다.
六親不和, 安有孝慈. 육친이 불화하면, 어찌 효성이나 자애가 있을 수 있을까요?	六親不和, 案有孝慈.	六親不和, 有孝慈. 가정이 화목하지 못하니, 효성이나 자애의 관념이 생겨난다.
邦家昏亂, 安有正臣. 나라가 혼란에 빠지면, 어찌 정직한 신하가 있을 수 있을까요?	邦家昏亂, 案有貞臣.	國家昏亂, 有忠臣. 국가가 혼란하여, 충신이 있게 된다.

⑦ "갈등과 경쟁의 원인이 되는 聖과 智의 관념을 아예 끊어버리는 구조가 국가의 이익을 극대화시킬 수 있다는 것이 노자의 생각이다."라고 한 점. 〈178쪽〉

→ 이는 통행본 제19장의 "절성기지 絶聖棄智"와 "절인기의 絶仁棄義"에 나오는 〈聖·智·仁·義·禮〉에 관한 오행 개념을 혼동한 말이다. 「聖은 4행 智仁義禮 을 해화시켜 옥음을 내게 하는 신통력」이다. 다시 말해 '聖'은 갈등의 원인이 되는 것이 아니라, 갈등을 해소시켜주는 핵심 덕목이다. *《대학·초간오행》231쪽·275~276쪽.

⑧ "仁은 孝로 가장 구체화되어 나타나는 데서 알 수 있듯이 인간적인 정서이므로 친친 親親 이라는 내용을 가진다. 즉 더 가까운 사람을 더 가깝게 대해야 하는 것이다."라고 한 점 〈178쪽〉

→ 仁이란 진심으로 사람을 사랑하는 마음이다〈해로편 20-3〉. 이는 감정의 발로를 억제하지 못하여 저절로 우러나오는 것이지, 의도적으로 편애하는 정서가 아니다 无以爲.

義는 인간사회의 여러 관계에서 의도적으로 有以爲 마땅함을 행하는 것, 즉 친한 자를 더 가까이하고 소원한 자를 더 멀리하는 정서다〈해로편 20-4〉.

그런데 맹자는 仁을 개인적 혈연관계에서의 효친 孝親 을 중심으로 잘못 이해하고 있다. '가까운 사람을 더 가까이 대해야 한다'는 '親親'의 정서는 義의 개념이다. 仁과 義의 개념을 혼동하였기 때문에, 제5장 "천지불인 天地不仁"의 仁을 '편애하는 정서'로 잘못 해석한 것이다. 다시 말하면, 〈仁은 '편애하지 않는 정서'〉이므로 "天地不仁"은 성립할 수 없는 개념이다. 〈부록5〉

17. 대학에서 통행본을 가지고 강의한 일에 대한 김충열의 회한

김충열은 고려대학교에서 초간본이 출현하기 전에 통행본을 가지고 강의한 일에 대하여, 학자로서 부끄럽다고 선언하였다. 그리고《김충열 교수의 노자강의》서문에 아래와 같은 글을 남겼다.

"초간〈노자〉의 출현은 이제까지 노자서와 노자라는 인물을 둘러싸고 일어났던 모든 학설과 주장들을 일시에 날려 보내는 태풍을 몰고 왔다. 물론 내 강의와 저술 중의 많은 부분도 이 태풍의 위력 앞에 무너져 휴지조각이 되었음은 두말할 나위 없다. … 그래도 다행스러운 것은, 많은 학자들이 이 새로운 출토자료들을 보지 못해 자기의 잘못된 학설을 고치지 못하고 죽어갔는데, 나는 살아서 그 잘못을 수정하고 미비했던 학설을 보완할 수 있는 기회를 가졌다는 사실이다. 이 얼마나 다행스러운 일인가? 그래서 한편으로는 부끄럽기도 하지만, 나는 '행복한 학자'라고 스스로 자위해 본다."

〔결론〕

《노자의 목소리로 듣는 도덕경》은 초간본에 관한 이해가 부족하던 때인 2001년도에 발행된 책이다. 그래서 그런지〈道·德〉과〈智·仁·義·禮·聖〉에 관한 용어의 개념마저 바르게 이해하지 못한 채, 그동안 통행본에 들어있던 오류들을 그대로 답습하고 있다. "失道而后德 ^{道를 잃은 후에 德이 나타난다}"에 관한 통행본 제38장의 해설 등이 그러한 예이다.

만일 지금도 왜곡된 통행본을 가지고 강단에서 노자사상을 강의하고 있다면, 그건 학자로서 부끄러운 일이다. 무엇이 잘못되어있는지를 알고 이를 시정한다면 학자다운 모습이지만^{知不知, 尙矣}, 무엇이 잘못되어있는지도 모른 채 강의하고 있다면 그건 불치의 병에 걸린 사람이다〈不知不知, 病矣〉.

노자의 본래 목소리는, 오랜 동안 도가와 유가를 대립관계로 만들어 온 통행본이나 백서본에서는 들을 수 없다. 그건 오로지 초간본 속으로 들어가야지만 들을 수 있는 성인 聖人의 목소리인 것이다.

에필로그

필자가 지금의 해양수산부에서 서기관으로 근무하던 때였습니다. 오래 동안 중국어를 꾸준히 공부하고 있었지요. 퇴근 후에 학원에 다니고 방송강의도 열심히 들었습니다. 마침 중국어권에 유학할 수 있는 기회가 왔습니다. 당시에는 중국과 수교가 이뤄지기 전이었으므로 대만이나 홍콩에 있는 대학에 가야했습니다. 대만해양대학교 해법대학원에 들어가 국제해양법을 공부하였습니다. 귀국한 후에도 중국어 신문과 잡지를 꾸준히 구독하였습니다.

그러던 어느 날, 중국 호북성湖北省 곽점촌郭店村에서 대량의 죽간과 유물이 출토되었다는 기사를 중국신문에서 보고 스크랩해두었으나, 오래 동안 잊고 지냈습니다. 공직에서 물러난 후 한중합작해운회사에서 대표이사 사장으로 재직하고 있던 때였습니다. 책상을 정리하다가 스크랩해둔 기사를 다시 보고, 대련大連 지사장에게 연락하여 곽점촌에서 출토된 죽간에 관한 해설서가 서점에 나왔는지 알아보라고 했습니다. 마침 후재侯才 교수가 1999년에 처음으로《郭店楚墓竹簡老子校讀》을 출간한 때였습니다. 대련 지사장이 후재의 책을 보내왔습니다.

그동안 보아온 왕필의《도덕경》과는 완전히 달랐습니다. 학자들은 초간본楚簡本의 출토는 실로 경천동지할 일대 사건이라고 경탄했습니다. 다음 해 봄,

북경 서점에서 막 출간된 곽기^{郭沂}교수의《郭店竹簡與先秦學術思想》을 구입해와 탐독하였습니다. 그리고 2002년 여름에 죽간이 출토된 현장을 보기위해 중국에 갔습니다. 의창^{宜昌} 비행장에서 내려 택시로 형문시박물관에 갔습니다. 그곳에서 연구원을 만나 설명을 듣고 자료를 수집한 다음, 곽점촌^{郭店村}과 초묘^{楚墓} 곽가강 1호묘 그리고 노자 출생지 등 곳곳을 답사하였습니다.

이렇게 수집한 자료들을 정리하여 2003년 4월에《초간 노자》를 출간하였던 것입니다. 출간하고 보니 초간본을 전면적으로 해설한 책으로는 우리나라에서 처음이었습니다. 동양철학을 전공한 학자는 아니지만 역사와 철학을 좋아하였고, 그저 즐거운 마음으로 책들을 보았습니다. 우연찮게 도서출판 이서원 고봉석 대표를 만난 인연으로, 2014년에《대학·초간 오행》, 2015년에《장자이야기 나비에서 꿩으로》, 2016년에《초간 노자》의 수정판《노자 왜 초간본

〈 중국 重慶 Chóngqìng 대한민국 임시정부 청사에 걸려있는 태극기 〉

인가》, 2017년에는《논어 공자의 꿈》을 출간하였습니다.

    이번《노자 왜 초간본인가》의 수정판을 내면서, 그동안 제기되어온 문제점들을 문답식으로 간결하게 정리하여 부록에 실었습니다. 이 책 제목을《도덕경 원본 노자》로 정하고 최종 마무리하고 있는데, 마침 문재인 대통령이 대한민국 임시정부 청사를 방문했다는 뉴스가 나옵니다. 김구 주석 집무실 벽에 걸려있는 태극기가 눈에 들어옵니다. 태극과 4괘의 음양 문양이 올바르게 그려져 있는 태극기를 보니 반가웠습니다. 끝으로 고봉석 대표와 윤희경 작가에게 고마움을 전합니다.

2017. 12. 22. 동짓날에.

일 승

도덕경 원본 노 자

[큰글자 · 楚簡本 老子]

초판 발행　ㅣ 2018년 2월 19일

역자　　　ㅣ 양방웅

펴낸이　　ㅣ 고봉석
책임편집　ㅣ 윤희경
교정·교열　ㅣ 고우정
표지디자인ㅣ 어거스트브랜드
편집디자인ㅣ 이경숙

펴낸곳　　ㅣ (주)이서원
주소　　　ㅣ 서울시 서초구 신반포로 43길 23-10 서광빌딩 3층
전화　　　ㅣ 02-3444-9522
팩스　　　ㅣ 02-6499-1025
이메일　　ㅣ books2030@naver.com
출판등록　ㅣ 2006년 6월 2일 제22-2935호

이 도서의 국립중앙도서관 출판예정도서목록CIP은 서지정보유통지원시스템 홈페이지 http://seoji.nl.go.kr와
국가자료공동목록시스템 http://www.nl.go.kr/kolisnet에서 이용하실 수 있습니다.
CIP제어번호: CIP2018004260

ISBN 978-89-97714-99-5 (03140)